Dresden entdecken

Der Stadtführer für Kinder

Matthias Stresow

Dresden entdecken

Der Stadtführer für Kinder

nicolai

Der Autor
Matthias Stresow, 1962 geboren, ist seit vielen Jahren in Dresden mit der Kinderstraßenbahn Lottchen als Stadtführer unterwegs. Tausende von Kilometern hat er mit seinen kleinen Gästen zurückgelegt und dabei erfahren, was diese wirklich interessiert.
Er ist darüber hinaus Gründungsmitglied und aktiver Mitarbeiter von „igeltour", den „StattReisern" in Dresden, die selbst zahlreiche Angebote für Kinder im Programm haben.
Des Weiteren hält er engen Kontakt zum Spielmobil Felix im schönen nordrhein-westfälischen Ratingen, mit dem die Kinderstraßenbahn schon viele gemeinsame Aktionen unternommen hat, nach dem Motto: Vereint geht vieles besser!

Das Illustratorenteam
Für dieses Buch taten sich acht junge Illustratorinnen und Illustratoren zusammen. Peter Ernst, Florian Göpfert, Conrad Kloß, Madlen Kosel, Sandra Manthey, Anja Michel, Katja Roßberg und Antje Springer lernten sich an einer Dresdner Fachschule für Gestaltung kennen. Mit viel Freude und Begeisterung für ihre Stadt zeichneten sie alles, was Dresden zu dem macht, was es ist. Auch die Rätsel, Spiele und das Rezept für die Eierschecke entsprangen ihrer Feder.

Die Gestalterin
Die Designerin Anke Schenk lebt seit ihrem Designstudium in Dresden. Vor einigen Jahren eröffnete sie mit ihrem Partner Georg Schütze eine eigene Grafikagentur.
Privat entdeckt sie auf „Streifzügen" mit ihren zwei Kindern durch die Stadt das Schöne und Besondere Dresdens auch aus Kinderaugen. Diese Sicht half, Texte, Illustrationen und Spiele in einer schönen Buchgestaltung zu vereinen.

Für Unterstützung und finanzielle Hilfe bedanken wir uns ganz herzlich bei:
Dresdner Verkehrsbetriebe AG
DREWAG
DENTAL-Kosmetik GmbH & Co. KG
Dresdner Molkerei Gebrüder Pfund
Buchhandlung Pusteblume
Bettina Breitenbücher
Städtisches Vermessungsamt Dresden
Veronika Geißler

2., überarbeitete Auflage 2007

Projektkoordination: Christiane Filius-Jehne
Illustrationskoordination: Claudia Syndram
Illustration: Peter Ernst, Florian Göpfert, Conrad Kloß, Madlen Kosel, Sandra Manthey, Anja Michel, Katja Roßberg, Antje Springer
Layout und Satz: Anke Schenk I GRAFIK.laden I www.grafikladen.com
Satz und Lithos: LVD GmbH, Berlin
Druck und Bindung: Proost, Belgien

Unter www.nicolai-verlag.de können Sie unseren Newsletter abonnieren, der Sie über das Programm und aktuelle Neuerscheinungen des Nicolai Verlags informiert.

Printed in Belgium
ISBN 10 3-89479-315-5
ISBN 13 978-3-89479-315-9

INHALT

Dresden

DRESDEN ENTDECKEN ...

Dresden wartet nur darauf, von dir und deinen Freundinnen und Freunden erkundet zu werden. Dieses Buch hilft dir dabei, die schöne Stadt an der Elbe näher kennen zu lernen. Du erfährst etwas über ihre Geschichte, über Persönlichkeiten, die hier gelebt haben, Sehenswürdigkeiten, Museen, Theater, Freizeitmöglichkeiten, aber auch, wo das Wasser in Dresden herkommt und was hier erfunden wurde.

Dresden ist mehr als Frauenkirche, Goldener Reiter, Zwinger. In jedem Stadtteil gibt es etwas Interessantes aufzuspüren. Lass dich von den Geschichten, Rätseln und Spielen auf eine spannende Entdeckungsreise einladen!

Für einen schnellen Durchblick ...

Extratipps werden dir durch eine Glühbirne angezeigt ...

... **Rätsel** durch ein Fragezeichen ...

... und **Spiele** durch ein Würfelsymbol.

Das Register, die Adressen ...

Was du wo im Buch findest, steht alphabetisch angeordnet auf Seite 79.

Im Adressteil erfährst du nicht nur die genaue Lage der Sehenswürdigkeiten, die Anschrift und Telefonnummer von Museen, Theatern und Freizeiteinrichtungen, sondern auch deren Internetadresse, auf der du leicht die aktuellen Öffnungszeiten, Eintrittspreise etc. ermitteln kannst.

Und den Hosentaschen-Freizeitplaner auf Seite 77 solltest du auch nicht außer Acht lassen!

Jetzt aber genug der Einleitung: Nase ins Buch, und los geht die Reise!

DATEN UND FAKTEN

Hauptstadt des Freistaates Sachsen
Einwohner: 500 000
Fläche: 328 km²

Nördliche Breite:
51° 02′ 55″

Östliche Länge:
13° 44′ 29″

Kfz-Kennzeichen: DD
Tel.-Vorwahl: 0351
Schulen: ca. 200
Geburten: ca. 4000 im Jahr

Dresden liegt u. a. an der **Sächsischen Weinstraße**.

Weinberge findest du z. B. in Pillnitz, Loschwitz und Cossebaude.

Unterkünfte:
Vom Grandhotel bis zur Pension über Jugendherberge, Herbergsschiff, Campingplatz

Partnerstädte:
Coventry, Breslau, St. Petersburg, Skopje, Ostrava, Brazzaville, Florenz, Hamburg, Rotterdam, Straßburg, Salzburg, Columbus

Dresden ist **Bischofssitz** der evangelisch-lutherischen Kirche und der römisch-katholischen Kirche.

Kirchen und kirchliche Objekte: ca. 100

Friedhöfe: ca. 50

Dresden ist zu erreichen über:
zwei große Bahnhöfe (Hauptbahnhof und Neustädter Bahnhof), Flughafen, Schiffsanlegestelle, Autobahnen A4, A13, A17, mehrere Bundesstraßen.

Entfernungen:

Berlin: ca. 200 km
Leipzig: ca. 120 km
Prag: ca. 150 km

Normale Wassertiefe der Elbe in Dresden:

2 m; seit mehreren Jahrzehnten ist sie nicht mehr zugefroren.

Höchster Wasserstand der Elbe: 9,40 m / 2002

Niedrigster Wasserstand:

Mehrfach gab es so wenig Wasser, dass man quasi trockenen Fußes das Flussbett durchqueren konnte.

Größter Fluss:

Elbe – fließt 30 km im Stadtgebiet.

Elbbrücken: 9

Elbinseln: 1

Wichtige Veranstaltungen und Festivals:

Stadtfest, Elbhangfest, Dresdner Musikfestspiele, Internationales Dixieland-Festival, Filmnächte, Striezelmarkt

Größte Grünfläche:

Dresdner Heide (ca. 50 km²)

Straßenbäume:

ca. 45000

Höchste Erhebung:

Triebenberg, 383 m ü. NN

Niedrigster Punkt:

101 m ü. NN

KLEINE STADTGESCHICHTE

Schon in grauer Vorzeit siedelten Menschen an der Elbe. Dauer- und wehrhafte Siedlungen entstanden etwa ab dem 7. Jahrhundert durch die Slawen. Sie rodeten die dichten Wälder, nutzten die Elbe, bauten Getreide an und züchteten Tiere. Noch heute erinnern die Namen vieler Stadtteile mit der Endung -itz an die slawischen Ortsnamen.

Der Name

Der ursprünglich auch von Slawen gegründete Ort Dresden fand erstmalig 1206 Erwähnung. Es ist gut möglich, dass ältere Urkunden bei Kriegen oder durch Feuer vernichtet wurden, denn bereits 1216 wird Dresden als *civitas* (Stadt) bezeichnet.
Durch Herzog Albrecht wird Dresden ab 1485 zur ständigen Residenz (Wohn- und Regierungssitz), und das bis 1918.

1206 – Urkundliche Erwähnung

1549 – Eingemeindung Altendresdens (heute Neustadt)

1694 – August der Starke wird Kurfürst ...

Die Burg

Unweit des heutigen Dresdens gründete Heinrich I. 929 eine Burg. Sie sollte das nun von deutschen Siedlern besetzte Land schützen. Nach und nach festigten diese ihre Macht und gründeten neue Siedlungen.

Einige Orte, die heute zu Dresden gehören, wurden bereits im 11. Jahrhundert urkundlich benannt.

Die Festung

Altendresden, die heutige Innere Neustadt, bekam 1403 das Stadtrecht und wurde 1549 Dresden einverleibt. Zu dieser Zeit wurde um das nun auf beiden Seiten der Elbe liegende Dresden eine gewaltige Festung gebaut. Sie war wichtig, um die Stadt vor Feinden zu schützen. Reste dieser Festung kannst du noch heute an der Brühlschen Terrasse und am Zwinger sehen.

August der Starke

Als 1694 Georg IV. an den Blattern (Pocken) starb, wurde unerwartet der reiselustige und tatendurstige Friedrich August I. Kurfürst. Bald darauf bot sich ihm die Chance, König von Polen zu werden. Mit allen Mitteln (so wurde er zu diesem Zwecke extra katholisch) verfolgte er dieses Ziel, das 1697 in Erfüllung ging. August der Starke, wie er genannt wurde, hatte nun auch die polnische Königskrone.

Das 19. Jahrhundert

1806 wurde Dresden von feindlichen Truppen besetzt. Der sächsische Kurfürst akzeptierte die Friedensbedingungen Napoleons und wurde von diesem dafür zum sächsischen König ernannt. Dresden war nun eine königliche Residenz.
Einen großen technischen Fortschritt brachte die erste deutsche Ferneisenbahnlinie, welche ab 1839 Dresden mit Leipzig verband. Bald entstanden auch viele Fabriken – u. a. wurden Kameras gebaut –, und die Bevölkerung wuchs stetig an.

... und König
1697

Das Technikzeitalter „beginnt"
1839

Gründung des Freistaates Sachsen
1918

Die Residenz

Zu diesem Zeitpunkt war Sachsen ein bedeutender europäischer Staat, und Dresden wurde zu einer noch prachtvolleren Residenz ausgebaut.

Es entstanden viele Palais, der Zwinger, die Frauenkirche, Schloss Pillnitz und die wunderschönen barocken Straßen der Neuen Königsstadt, aus der die heutige Innere Neustadt hervorging.

Abdankung des Königs

Ab 1904 regierte mit Friedrich August III. der letzte König. Mit 500 000 Einwohnern war Dresden zu diesem Zeitpunkt die viertgrößte Stadt in Deutschland.
1918 dankte im Zuge der Novemberrevolution der bei der Bevölkerung sehr beliebte König ab, und Dresden wurde zur Hauptstadt des Freistaates Sachsen.

Die Zerstörung

Mit dem durch die Nazis ausgelösten Zweiten Weltkrieg setzte die Zerstörung europäischer Städte ein – wie Warschau, Stalingrad, Rotterdam, Coventry und dann Hamburg, Düsseldorf oder Magdeburg. Im Februar 1945 flogen mehrfach englische und amerikanische Bomber Dresden an. Die gewaltigen Angriffe zerstörten das gesamte Stadtzentrum, Tausende verloren ihr Leben, Tausende ihre Wohnung.

Die DDR-Jahre

Viele bedeutende Bauwerke gingen in den DDR-Jahren (1949 – 1989) unwiederbringlich verloren.
Vieles erstand aber auch wieder. Schnellstmöglich rekonstruierte man das Schauspielhaus, und 1962 war der Zwinger ebenfalls wieder fertig aufgebaut. Die Semperoper, die im Krieg völlig zerstört worden war, wurde 1985 feierlich wiedereröffnet.

Bombardierung Dresdens – **1945**

Dresden wird Bezirksstadt ... – **1952**

... und wieder Landeshauptstadt des Freistaates Sachsen – **1990**

Der Wiederaufbau

In den folgenden Jahren wurde die Stadt von Trümmern befreit, der Wiederaufbau begann.
Die Stadt, die man jetzt „Bezirksstadt" nannte, bekam dabei an manchen Stellen ein ganz neues Gesicht: Die kleinen Gassen und die eleganten Einkaufsstraßen im Stadtzentrum verschwanden.

Die Nach-Wendezeit

1990 durfte nach der Wiedervereinigung des geteilten Deutschlands auch in Dresden frei und demokratisch gewählt werden. Sachsen wurde wieder Freistaat und Dresden Landeshauptstadt.
2002 stand der Stadt das Wasser bis zum Hals: Die Elbe, sonst nur 2 Meter tief, war auf 9,40 Meter angeschwollen und überflutete weite Teile der Stadt.

Ein Traum wird wahr

2004 wurde das Dresdner Elbtal Welterbestätte der UNESCO.
Ein Jahr später ging bei der Weihe der Frauenkirche 2005 ein Traum vieler Menschen in Erfüllung. Rund um den Globus verfolgte man den Wiederaufbau des Gotteshauses, welcher durch Spendengelder aus aller Welt ermöglicht wurde. Die Frauenkirche steht für Frieden und Versöhnung. Ein schönes Symbol, findest du nicht?

Herzogtum Sachsen

Kurfürstentum Sachsen

Freistaat Sachsen

Stadt Dresden

2002

Jahrhundert-hochwasser

2005

Weihe der wiederaufgebauten Frauenkirche

Mach Dich schlau!

Wie lautet die Lösung für die unten gestellten Fragen?

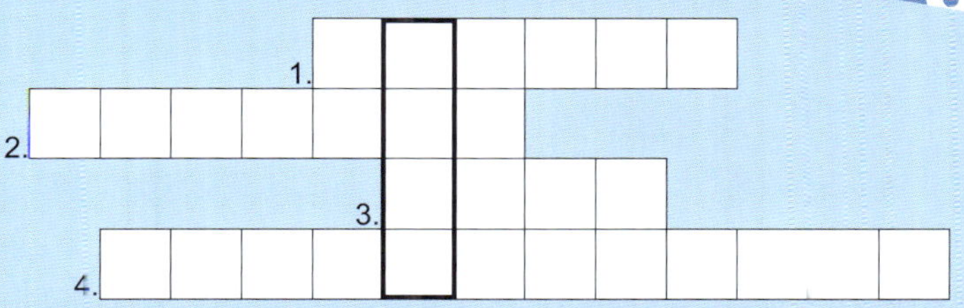

Wenn du sie gefunden hast, weißt du, was Elbe auf Tschechisch heißt. Du musst nur die umrandeten Buchstaben von oben nach unten lesen.

1. Welches Volk baute ab dem 7. Jahrhundert an der Elbe die ersten Siedlungen?
2. Wie lautet die lateinische Bezeichnung für Stadt?
3. Was gründete Heinrich I. 929 unweit des heutigen Dresdens?
4. Welches Gebäude wurde 2005 nach seinem Wiederaufbau feierlich geweiht?

PERSÖNLICHKEITEN

Ihr könnt in diesem Buch an verschiedenen Stellen von zwei ganz berühmten Dresdnern lesen, nämlich von **Kurfürst August dem Starken** ● und dem Schriftsteller **Erich Kästner** ●. Sie zählen sicherlich zu den bekanntesten Personen, die in Dresden gewirkt haben. Daneben gab es aber noch eine Menge weiterer Berühmtheiten, mit denen man die Stadt verbindet:

Spricht man in Dresden über große Erfinder, so wird er garantiert genannt: **Manfred Baron von Ardenne (1907–1997)** ●. Unter seinen vielen Erfindungen sind vor allem die zur Fernsehbildübertragung und die auf medizinischem Gebiet bekannt. 1955 gründete er ein großes Forschungsinstitut, welches er mehrere Jahrzehnte leitete.

Die Sandsteinkuppel der Dresdner Frauenkirche setzte Baumeister **George Bähr (1666–1738)** ● einst gegen viele kritische Stimmen durch. Fertig hat er sein berühmtestes Bauwerk nie gesehen.

Seine Gemälde zählen zu den beliebtesten und bekanntesten der Galerie Neue Meister: **Caspar David Friedrich (1774–1840)** ●. Viele Jahre lebte und wirkte der bedeutende Maler der deutschen Romantik in Dresden.

Gret Palucca (1902–1993) ● war Tänzerin. Sie wollte etwas Neues: einen neuen Tanzstil, den Ausdruckstanz – ohne Ballettschuhe und Tanzröckchen –, und dieser machte sie berühmt. Die von ihr gegründete Tanzschule gibt es nach wie vor.

Die romantischen Gemälde und Buchillustrationen von **Ludwig Richter (1803–1884)** ● werden noch heute bewundert. Ebenso romantisch ist sein Geburtshaus mit Garten in der Friedrichstadt (Friedrichstraße 44).

Auch **Friedrich von Schiller (1759–1805)** weilte öfter in Dresden. Besonders gut ging es dem Dichter von 1785–1787. In diesen beiden sorgenfreien Jahren als Gast bei seinem Dresdner Freund Körner entstand auch die Ode „An die Freude" – der Text wurde von Ludwig van Beethoven für den letzten Satz seiner 9. Sinfonie vertont.

Versuche die Köpfe den beschriebenen Personen zuzuordnen und schreibe die entsprechende Nummer in die grünen Kreise! Der nicht da saß, der nicht mitaß. Wer war's?

Gottfried Semper (1803–1879) entwarf in Dresden das Opernhaus, die Gemäldegalerie und die alte Synagoge. Wegen seiner Beteiligung am revolutionären Maiaufstand 1849 musste er aus dem Land fliehen.

Bei seinem Bruder erlernte **Gottfried Silbermann (1683–1753)** das Orgelbauen. Aufträge bekam er auch aus Dresden. Nur die Orgel in der Kathedrale blieb erhalten.

Mit der Göltzschtalbrücke entwarf der Erfinder, Pädagoge, Konstrukteur und Unternehmer **Johann Andreas Schubert (1808–1870)** die größte Ziegelbrücke der Welt. Außerdem entstanden nach seinen Plänen Personendampfschiffe und die erste deutsche Lokomotive, die Saxonia.

Zu den ganz großen Komponisten zählt **Richard Wagner (1813–1883)**
Drei der von ihm komponierten Opern erlebten in Dresden ihre Uraufführung. Auch er musste wegen seiner Teilnahme an der Revolution 1849 aus Dresden fliehen.

Das Meisterwerk des jungen **Carl Maria von Weber (1786–1826)** ist die Oper „Der Freischütz". Sie entstand während seines zehnjährigen Aufenthalts in Dresden, wo Weber Direktor des Opernhauses war. Sein Grab ist auf dem Alten Katholischen Friedhof zu finden.

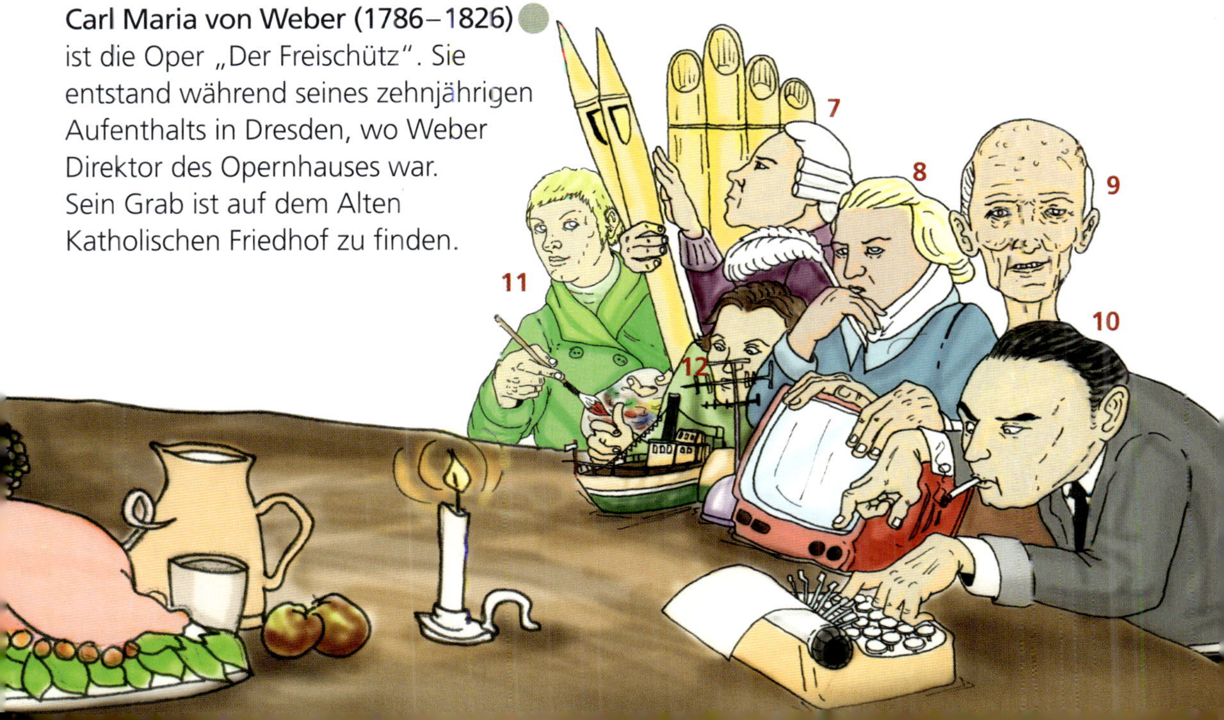

STADTVERKEHR

Wie andere Großstädte auch leidet Dresden unter starkem Verkehr, und Autos und Lastkraftwagen drängen sich auf den Straßen. Allerdings fahren noch immer viele Leute allein oder zu zweit – das heißt, wenn sich mehr zusammentäten, müssten es gar nicht so viele Fahrzeuge sein. Und vieles lässt sich auch prima zu Fuß oder mit dem Fahrrad erreichen.

Mach doch mal eine Strichliste, wie oft nur eine oder zwei Personen in einem Auto sitzen!

Öffentliche Verkehrsmittel

Entlastung für den Straßenverkehr bringen Busse, Straßenbahnen und S-Bahnen, die viele Menschen auf einmal transportieren können. Dresden verfügt über ein breites Netz an solchen öffentlichen Verkehrsmitteln.

Die DVB AG betreibt derzeit zwölf Straßenbahnlinien auf einem Liniennetz von 200 Kilometern und 28 Buslinien mit 300 Kilometern Linienlänge, drei Fährstellen und zwei Bergbahnen. Eine genaue Übersicht verschafft dir der Linien-Netzplan der Dresdner Verkehrsbetriebe (www.dvbag.de).

An Verkehrsmitteln hat Dresden aber noch viel mehr zu bieten:

Der Dresdner Flughafen befindet sich in Klotzsche. Direkt unter dem großen Abfertigungsgebäude ist ein S-Bahnhof. Von hier aus sind es nur etwa zwanzig Minuten bis ins Stadtzentrum.

Na, womit kommst du am besten zu den verschiedenen Orten?

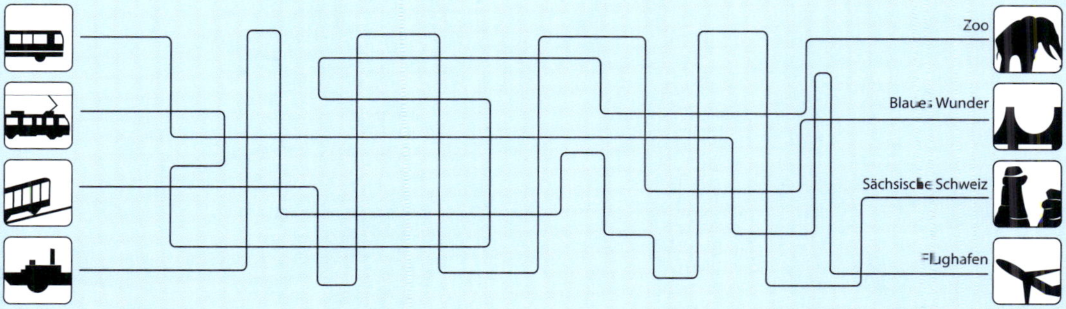

Wasserflugplatz

Etwas Besonderes gab es 1925/26. Zu diesem Zeitpunkt existierte ein Wasserflugplatz an der Elbe. Die Fluglinie führte von Dresden über Magdeburg nach Hamburg.

Raddampferflotte

In Dresden ist die älteste und größte Raddampferflotte der Welt zu Hause. Mit diesen Dampfern kann man in die Sächsische Schweiz und nach Meißen fahren oder einfach nur eine Stadtrundfahrt zu Wasser unternehmen.

Eisenbahn

Für Fernreisende gibt es auch zwei große Bahnhöfe, den Neustädter Bahnhof und den Hauptbahnhof. Die Eisenbahnstrecke von Dresden nach Leipzig wurde 1839 freigegeben und ist die erste Ferneisenbahnstrecke Deutschlands. Außerdem wurde im heutigen Stadtteil Übigau die erste deutsche Lokomotive gebaut, die Saxonia.

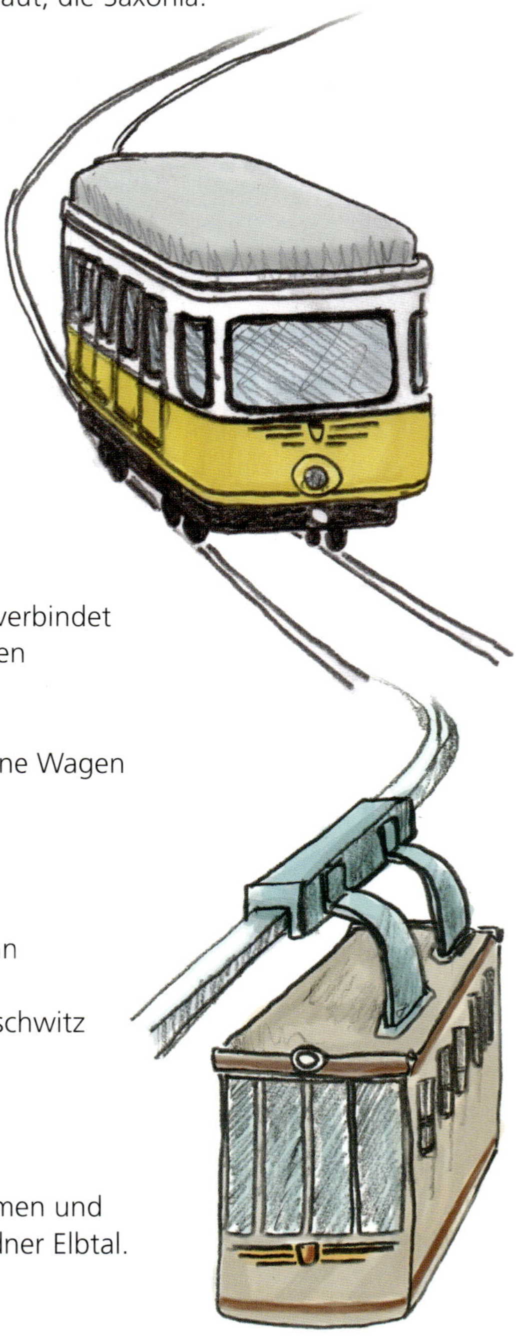

Wisst ihr, aus welchem Land die allererste Lokomotive kam?

Standseilbahn

In der Nähe des Blauen Wunders fahren zwei Bergbahnen.

Die Standseilbahn wurde 1895 eröffnet und verbindet den Körnerplatz in Loschwitz mit dem früheren Höhenkurort Weißer Hirsch.

Zwei durch ein Zugseil miteinander verbundene Wagen verkehren auf der 547 Meter langen Strecke.

Schwebebahn

Die nur wenige Meter entfernte Schwebebahn ging 1901 in Betrieb und gilt als die älteste Bergschwebebahn der Welt. Sie fährt von Loschwitz nach Oberloschwitz.

Neuerdings ist oben an der Bergstation eine Aussichtsplattform zugänglich. Mit dem Panoramaaufzug kannst du den Turm erklimmen und hast eine traumhafte Aussicht über das Dresdner Elbtal.

Parkeisenbahn

Ein Verkehrsmittel speziell für Kinder ist die Parkeisenbahn, welche 1951 als dauerhafte Einrichtung vorrangig für kleine Passagiere in Betrieb genommen wurde. Das Besondere ist hierbei, dass Kinder auch den Fahrbetrieb unterstützen. Du wirst sie bei der Fahrt erleben! Fünf Bahnhöfe liegen auf der fast 6 Kilometer langen Strecke quer durch den Großen Garten. Gezogen werden die Wagen von Liliput-Dampf- oder E-Loks.

Lottchen

Seit 1991 gibt es in Dresden für Kinder ein ganz besonderes Angebot – die Kinderstraßenbahn Lottchen. Täglich ist diese auf Achse. Bei zwanzig verschiedenen Programmfahrten lernen die Mitfahrenden die Stadt kennen, erleben Weihnachts-, Oster- und Faschingsfahrten oder sind bei Musik, Spiel und Spaß unterwegs. Die Kinderstraßenbahn nutzt das gesamte Schienennetz der Stadt und kann somit die Kinder von überall abholen bzw. auch überallhin wieder zurückbringen. Bisher waren schon über 100 000 Gäste aus aller Welt mit Lottchen unterwegs.

Im Dezember 1992 hatte Lottchen mit dem Zirkuselefanten Max einen besonders schweren Gast.

?

Woher kommt aber der Name Lottchen? Versucht es herauszubekommen!

Tipp:
In Dresden wurde 1899 Erich Kästner geboren. Eines seiner vielen Kinderbücher heißt:

....

THEATERPLATZ

Der Theaterplatz ist der schönste Platz in Dresden. Manche behaupten sogar, dass er einer der schönsten Europas sei. In seiner Mitte steht das große Reiterstandbild von König Johann.

Erkennst du den Querschnitt der Säulen wieder?

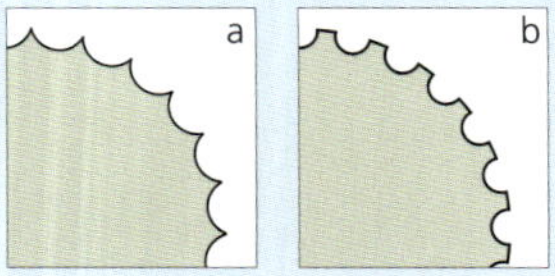

Unweit davon ist ein Gebäude mit sechs großen Säulen am Portal zu sehen. In diesem befand sich früher die königliche Wache. Gebaut wurde sie nach Plänen des Baumeisters Karl Friedrich Schinkel. Das Besondere an diesen ionischen Säulen ist, dass sie aus einem Stück sind.

Im Residenzschloss wohnten und regierten die sächsischen Herrscher bis 1918. Nach der Zerstörung im Zweiten Weltkrieg stand das Schloss als Ruine jahrzehntelang leer. Besonders interessant sind das sich in seinem Inneren befindende Grüne Gewölbe – die Schatzkammer der Kurfürsten und Könige – und der Schlossturm. Von diesem hat man einen guten Blick auf den Theaterplatz. Achte auf das schöne Pflaster!

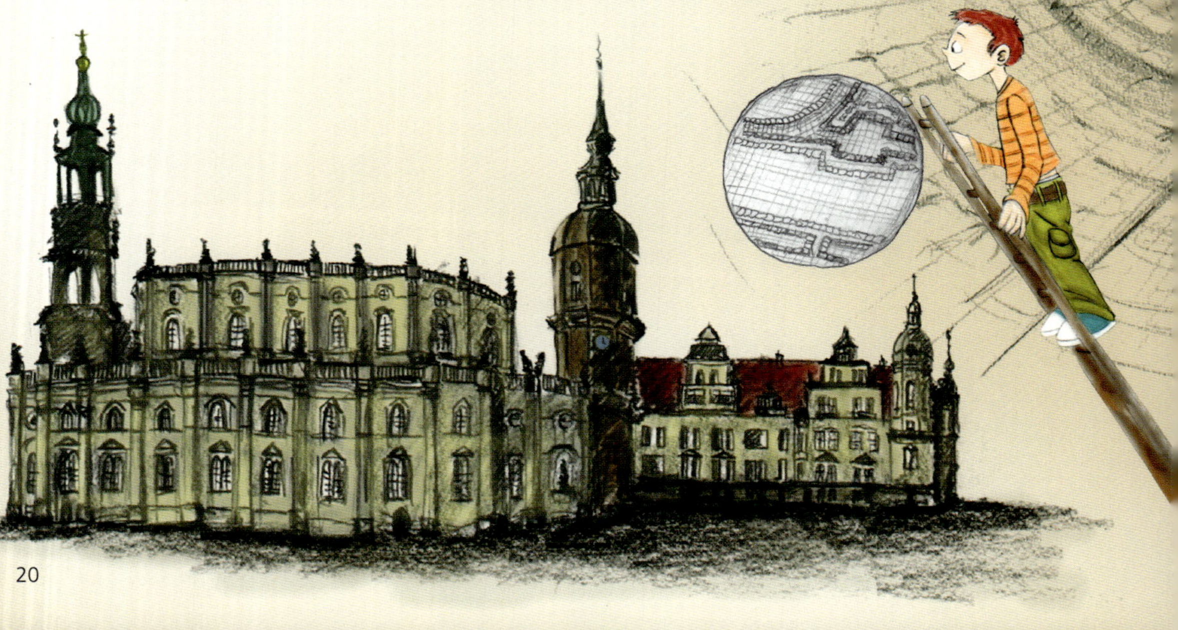

1854 wurde die Gemäldegalerie nach Entwürfen des berühmten Architekten Gottfried Semper fertig gestellt. In ihr befindet sich die Sammlung Alte Meister.

König Johann regierte von 1854 bis 1873. Er war einer der klügsten sächsischen Könige. Sein Nachfolger war der musikinteressierte König Albert. Vom Sockel des Denkmals hast du die Möglichkeit, über den Platz zu schauen. Du siehst die Gemäldegalerie, das Opernhaus, die Kathedrale, das Residenzschloss und die Schinkelwache.

Über dem Balkon der Oper befindet sich ein großes A. Errätst du, wofür es steht?

Das erste von Gottfried Semper erbaute Opernhaus brannte 1869 ab. Der ebenfalls von Semper entworfene Nachfolgebau eröffnete 1878. Im Zweiten Weltkrieg wurde er zerstört. Von 1977 bis 1985 entstand das Haus in alter Pracht aufs Neue.

Zur Elbe hin entdeckst du das Italienische Dörfchen. Es erinnert an die Siedlung der Italiener, die hier ansässig waren, um die damalige Hofkirche – die heutige Kathedrale – zu bauen.

FÜRSTENZUG UND ZWINGER

Der Fürstenzug – das größte Porzellanbild der Welt

Die Außenwand des so genannten Langen Ganges zwischen Residenzschloss und Neumarkt schmückt der Fürstenzug. An dessen Ende schaut ein Mann mit Hut und kräftigem Bart fragend zu uns herab. Es ist Wilhelm Walther, der Schöpfer dieses Kunstwerks.
Als der Fürstenzug 1876 fertig gestellt wurde, war er noch ein Wandbild in Sgraffitotechnik. Das heißt, das Bild war in Putz gekratzt. Bereits nach wenigen Jahren gab es Verwitterungsspuren, weshalb man beschloss, das gesamte Werk auf Porzellan zu übertragen. Über 100 Meter lang ist das 1907 vollendete Wandbild aus Meissner Porzellan – und damit das größte Porzellanbild der Welt. Abgebildet sind 35 Markgrafen, Herzöge, Kurfürsten und Könige. Den Abschluss bilden bekannte Bürger, darunter der 1803 in Dresden geborene Maler und Buchillustrator Ludwig Richter. Einer seiner Illustrationen sind die neben ihm laufenden Kinder entnommen. Um die zahlreichen Herrscher ranken sich natürlich viele interessante Geschichten.

?

Geh zum Fürstenzug und suche Friedrich den Sanftmütigen. Neben ihm findest du seine beiden Söhne Ernst und Albrecht. Diese regierten im 15. Jahrhundert gemeinsam das Land, bis es zum Streit und zur Teilung kam. Wer reitet hinter den dreien?

Einen besonders spannenden Namen besitzt Friedrich der Gebissene. Es wird behauptet, dass seine Mutter ihn beim Abschied vor lauter Schmerz in die Wange biss. Sein ganzes Leben soll er einen Bart getragen haben, um die Narbe zu verbergen. Den bekanntesten Beinamen findest du leider nicht: August der Starke wird nämlich nur als König Friedrich August II. bezeichnet.

Zwinger

Wer sich einen solchen Festplatz leistet, weiß, wie man feiert! Anfang des 18. Jahrhunderts wurde er von August dem Starken in Auftrag gegeben. Er war der wohl berühmteste Kurfürst von Sachsen und darüber hinaus König von Polen, weshalb du auch die polnische Königskrone auf dem Kronentor des Dresdner Zwingers findest.

Der Zwinger hat sechs Pavillons. Der Stadt zugewandt findet man zum Beispiel den Glockenspielpavillon. Seine Porzellanglocken erklingen viertelstündlich. Gegenüber steht der Wallpavillon. Er heißt so, weil die Treppe in seinem Inneren auf den ehemaligen Stadtwall hinaufführt.

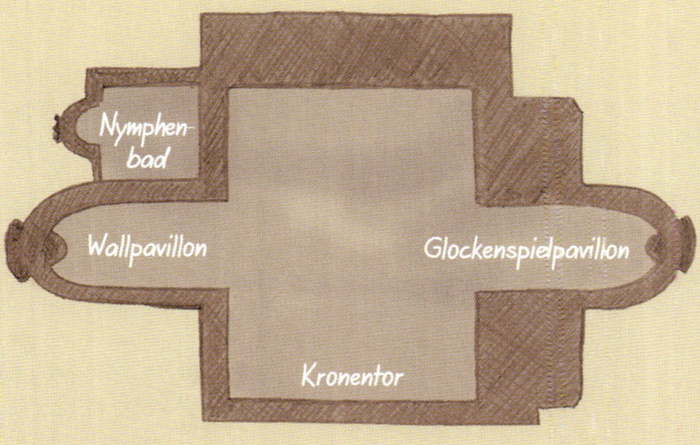

Der Name Zwinger hat nichts mit Hunde- oder Bärenzwinger zu tun, sondern bezeichnet den Bereich zwischen innerer und äußerer Festungsmauer. Und genau dort ließ August von seinem Architekten Matthäus Daniel Pöppelmann die Anlage für seine rauschenden Feste bauen. Ursprünglich sollte sie bis zur Elbe reichen und wäre damit dreimal so groß wie heute.

Die vielen Sandsteinfiguren stammen von Balthasar Permoser und seinen Gehilfen. Der Bayer Permoser war ein außergewöhnlicher Mann – groß, kräftig und mit Rauschebart. Puder, Perücke, glatt rasiertes Gesicht und feine Kleider, wie damals am Hof üblich, mochte er gar nicht. Und dennoch wurde er ein führender Bildhauer des Barock.

?

August der Starke, der Verkleidungen jeglicher Art liebte, ließ sich auch gern als Herkules abbilden, dieser griechische Held, der so stark war, dass er die ganze Erde auf seinen Schultern tragen konnte. So stellte ihn auch Balthasar Permoser im Zwinger dar. Finde heraus, auf welchem Dach dieser sächsische Herkules steht!

SCHLÖSSER ÜBER SCHLÖSSER!

Residenzschloss

Bereits im 13. Jahrhundert stand auf dem heutigen Schlossareal eine Burg zum Schutz der Elbquerung. Von 1485 an diente das daraus hervorgegangene Schloss dem sächsischen Herrscherhaus als Wohn- und Regierungssitz.
Bei den Luftangriffen zum Ende des Zweiten Weltkrieges wurde das Schloss, wie das gesamte Stadtzentrum, zerstört. Heute ist es wiederhergestellt. Du findest hier bedeutende Kunstsammlungen.

Die Elbschlösser und Dinglingers Weinberg

Schon als Loschwitz noch ein kleines Dorf vor den Toren Dresdens war, zog es wegen seiner schönen Lage viele wohlhabende Bürger an. Einer davon war Johann Melchior Dinglinger, der Hofjuwelier Augusts des Starken, dessen Meisterwerke im Grünen Gewölbe zu sehen sind. Er kaufte sich einen Weinberg und ließ ein schönes Sommerhaus bauen. Sogar eine Kegelbahn legte er an. Direkt neben seinem Grundstück entstanden Mitte des 19. Jahrhunderts drei Schlösser. Das größte (ganz links) ist Schloss Albrechtsberg, welches für einen richtigen Prinzen – Albrecht von Preußen – gebaut wurde. Für seinen Kammerherrn Baron von Stockhausen entstand das mittlere Schloss, und rechts neben diesem wurde wenige Jahre später für einen reichen Kaufmann Schloss Eckberg gebaut.

Wenn du Lust hast, löse das Rätsel auf Seite 67!

Interessant sind auch spätere Besitzer dieser Anwesen. So wohnte ab 1906 in dem mittleren Schloss Karl August Lingner, der Produzent des Mundwassers Odol. Dieser hatte sogar eine eigene Bergbahn. Unten am Weinberg steht ein kleines Tempelchen, das Mausoleum (Grabmal) Lingners.

In Schloss Eckberg wiederum wohnte unter anderen Ottomar Heinsius von Mayenburg, der von 1907 an, was damals ganz neu war, maschinell hergestellte und in Metalltuben abgefüllte Zahnpasta vertrieb. Eine andere bekannte Bewohnerin war die berühmte Schauspielerin Grethe Weiser.

Schloss Pillnitz

Viele Schlösser hat die Stadt! Schloss Übigau, Schloss Schönfeld, Schloss Wachwitz, Schloss Nickern oder das Keppschloss.
Ein Schloss aber hat eine ganz besondere Architektur – Schloss Pillnitz. Es wurde so gebaut, wie man sich die Schlösser im fernen China vorstellte. Wir haben heute die Möglichkeit, schnell mal nach Asien oder Afrika zu fliegen. Früher waren Reisen über solche Entfernungen kaum möglich. Deshalb holte man sich die ferne, exotische Welt gern nach Hause.

Nach dreijähriger Bauzeit wurde das Schloss 1724 August dem Starken übergeben. Schon von weitem sieht man am Elbufer das Wasserpalais. Gegenüber von diesem steht, wie dessen Spiegelbild, das Bergpalais. Verbunden werden beide durch das später erbaute Neue Palais.

Zu dem Schlosskomplex gehört natürlich ein großer Park, der weitere Sehenswürdigkeiten zu bieten hat, wie etwa die Prachtgondel und die alte Kamelie.

Neben dem heutigen Schlossgebäude findest du unmittelbar an der Elbe einen steinernen Löwenkopf. Dieser erinnert an das alte Schloss Pillnitz, das 1818 abbrannte. Sicher wäre es völlig in Vergessenheit geraten, hätte es nicht solch eine bekannte Schlossherrin gehabt. Anfang des 18. Jahrhunderts gehörte es der Lieblingsmätresse (d. h. Geliebte) Augusts des Starken, der Gräfin Anna Constantina von Cosel. Der Kurfürst und König liebte sie anfangs sehr. Aber andere Frauen, Intrigen und Unstimmigkeiten führten dazu, dass die Gräfin 1716 festgenommen wurde und auf Burg Stolpen bis zu ihrem Tode – 49 Jahre lang! – in Haft blieb.

Die Burg Stolpen mit dem Gefängnisturm ist nicht weit von Dresden!

NOCH MEHR SEHENSWÜRDIGKEITEN

Yenidze

Neben Oper, Zwinger, Schlössern existieren noch andere sehenswerte Baudenkmäler. Ein besonders auffälliges steht seit 1909 in der Friedrichstadt, heißt Yenidze und war ursprünglich eine Zigarettenfabrik. Der Fabrikant ließ sie wie eine orientalische Moschee bauen, da aus dem Orient der Tabak kam. Ganz in orientalischer Tradition werden übrigens heutzutage in der Kuppel des Gebäudes Märchen erzählt.

Blaues Wunder

Als das „Blaue Wunder" 1893 fertig gestellt war, wollten viele dieses Eisenungetüm eigentlich gar nicht. Heute zählt es zu den beliebtesten Fotomotiven. Immer noch wird gern erzählt, die Brücke sei ursprünglich grün gestrichen gewesen und habe sich dann blau verfärbt. Sie war aber immer schon blau. Andere sagen, sie sei eine Hängebrücke, was auch nicht stimmt. Ein technisches Wunderwerk ist die Loschwitzer Brücke, wie sie eigentlich heißt, aber allemal, weshalb sie ihren Beinamen auch redlich verdient hat.

Auf der Rückseite des „Hosentaschenplaners" findest du auf Seite 78 eine Fliese abgebildet. Was ist darauf zu sehen? Glaubst du, das entsprach damals der Wirklichkeit?

Pfunds Molkerei

Zu den Besonderheiten zählt auch ein Milchgeschäft. Es wurde 1892 komplett mit handbemalten Keramikfliesen ausgestattet. Pfunds Molkerei wird als schönster Milchladen der Welt bezeichnet – und das ist durchaus berechtigt!

Brühlsche Terrasse

Spazieren auf der Brühlschen Terrasse ist etwas Einzigartiges. Der Blick zum Königsufer oder auf die Dampfer ist zu jeder Jahreszeit ein Erlebnis. Die Brühlsche Terrasse ist ein Teil der alten Festungsanlage, welche im 16. Jahrhundert zum Schutz der Stadt gebaut wurde. Ursprünglich standen hier Kanonen und Soldaten. Mitte des 18. Jahrhunderts ließ sie Heinrich Graf von Brühl umgestalten. Aber nach wie vor sind an dieser Stelle alte Festungsanlagen erhalten.

Besuche die Festungsanlage unter der Terrasse. Dort kannst du u. a. das einzig erhaltene Stadttor Dresdens besichtigen.

Putjatinhaus

In Kleinzschachwitz steht ein für unsere Breiten ganz untypisches Gebäude. Es wurde im russischen Stil erbaut und hat ein Dach, das auf beiden Seiten fast bis zum Boden reicht. Fürst Putjatin ließ es 1822 bauen. Es diente lange Jahre als Schule. Heute befindet sich darin ein soziokulturelles Zentrum, das auch viel für Kinder anbietet.

Leonhardi-Museum

Ein wunderschön bemaltes Haus findest du an der Grundstraße in Loschwitz. Ursprünglich war es eine Wassermühle, die vom Loschwitzbach – auch Trille genannt – angetrieben wurde. Die Trille ist heute nicht mehr zu sehen, weil sie unter einer Straße – der Grundstraße – fließt.

Später besaß der Maler Eduard Leonhardi (1828 – 1905) die Mühle, er ließ sie als Atelier für junge Künstler umbauen und bemalen. Heute befindet sich darin ein Museum.

DÖRFLICHES

Vom Städtchen zur Stadt

Noch zu Zeiten Augusts des Starken war Dresden ein Städtchen und umfasste nur das Gebiet zwischen dem heutigen Postplatz und dem Pirnaischen Platz bzw. zwischen Albertplatz und Rathaus. Das bedeutet, dass der Große Garten, der Hauptbahnhof und die Prager Straße außerhalb der alten Stadtgrenzen liegen. Mittlerweile zählen wir sie aber längst zum Zentrum der Stadt. Im Laufe der Jahre wurden sehr viele ehemals eigenständige Dörfer eingemeindet, von denen man vielfach noch die alten Dorfkerne findet. Sie sind gewöhnlich nach dem ursprünglichen Ort mit der Vorsilbe Alt- benannt.

Ganz wie früher

Besonders gut erhalten geblieben sind die Dorfkerne von Mickten und Kaditz. Am lang gestreckten Kaditzer Dorfplatz steht eine alte Dorfkirche. Altmickten, mit Gasthof, liegt direkt an der Elbe. Besonders groß ist Altstrehlen. Durch den alten Dorfplatz fließt der Kaitzbach. Außerdem findest du hier noch einen alten Taubenschlag. Solch einen gibt es auch in Alttolkewitz.

Buchstabensalat

In diesem Buchstabendurcheinander sind 9 alte Dorfkerne versteckt. Du kannst sie finden, wenn du waagerecht, senkrecht oder rückwärts liest.

```
F K A L M T E R A H D O R K M J S
O A L T T O L K E W I T Z H L S C
M D Z X U E C A N P E N N R I C H
N I S B E P M K T B A N C S K J Ö
S T Q A L I Z A L T M I C K T E N
T Z E R Z T I N D I E S T L A T F
J S O H N E L H E R T S T L A M E
A L T L O S C H W I T Z E S X O L
Q E A U N Z T I R B O D T L A M D
```

Die „Senfbüchse“

In Altloschwitz ist die „Senfbüchse“ besonders erwähnenswert. Eigentlich ist sie ein Denkmal für einen Lebensretter namens Joseph Hermann. Den Spitznamen verdankt der kleine Pavillon seiner Form.

An der Decke der „Senfbüchse“ ist der Himmel abgebildet. Zu welcher Tageszeit fand die Lebensrettungsaktion demzufolge statt?

Fehlt nur noch der Misthaufen

In Schönfeld findest du einen Platz mit Kirche, Schloss und Teich. In Altseidnitz steht noch eine alte Polizeiwache, und im Nachbarort Dobritz ist eine alte Wäschemangel ausgestellt. Damit glättete man trockene Wäsche.

Im Norden Dresdens ist der Dorfplatz von Wilschdorf mit der alten Kirche gut erhalten, im Süden findest du in Mockritz einen schönen Ortskern. Im Westen erlebst du mit Unkersdorf, Roitzsch oder Pennrich noch richtig ländliche Regionen. Im Osten ist der an der Elbe gelegene Dorfkern von Zschieren sehenswert und über den Elberadweg gut erreichbar.

DENKMÄLER UND BRUNNEN

Goldener Reiter und König-Johann-Denkmal

Das bekannteste Denkmal ist der Goldene Reiter am Neustädter Markt. August der Starke gab es selbst in Auftrag. 1736, drei Jahre nach seinem Tod, wurde es fertig gestellt. Es ist aus hauchdünn mit Gold überzogenem Kupfer. Ein noch größeres Reiterstandbild erinnert auf dem Theaterplatz an König Johann.

Moritzmonument und Hofnarr Fröhlich

Das älteste Denkmal im Zentrum ist das Moritzmonument an der Brühlschen Terrasse. Es zeigt die Kurfürsten Moritz und August, die im 16. Jahrhundert regierten. In der Nähe des Goldenen Reiters (am Neustädter Brückenkopf der Augustusbrücke) ist der Hofnarr Fröhlich dargestellt. Er war für den Spaß am Hof zuständig und durfte zum Kurfürsten auch mal „Blödmann“ sagen.

Trümmerfrau

Ein ganz anderes Denkmal steht vor dem Rathaus: die Trümmerfrau. Es erinnert an die vielen Frauen, die nach der Zerstörung im Krieg die Trümmer in der Innenstadt beseitigten und wiederverwertbares Material bargen.

Gänsedieb

Wie sie sich wohl abgespielt hat, die Geschichte mit dem Gänsedieb? Vielleicht wurde es ja bereits langsam Nacht und der Junge zitterte vor Kälte. Und zu essen gab es auch nichts weit und breit. Da sieht er einen Fuchs über den Weg huschen und hat die Idee!
Der Brunnen, welcher an die so oder ähnlich verlaufene Episode erinnert, ziert jedenfalls die Weiße Gasse, die du in der Nähe des Rathauses findest.

Neptunbrunnen, Mosaikbrunnen und vielerlei Wasserspiele

Willst du Neptun, Seedämonen, Pyramiden und Grotten sehen, so solltest du den Neptunbrunnen im Park des Friedrichstädter Krankenhauses aufsuchen. Seit 1744 steht er in dieser Parkanlage, die Graf Brühl einstmals prachtvoll ausstatten ließ.

Im Großen Garten findest du etwas versteckt den Mosaikbrunnen. Wie der Name vermuten lässt, besteht er aus kleinen, bunten Mosaiksteinen.

Am Albertplatz in der Neustadt erwarten dich gleich drei Brunnen. Zwei stehen als Paar mitten auf dem Platz und heißen Stilles Wasser und Stürmische Wogen. Welcher für „still" und welcher für „stürmisch" steht, erkennst du an den Figuren. Nur wenige Meter entfernt steht der Artesische Brunnen. Von 1832 bis 1836 bohrte man ein Loch, das so tief ist, dass Dresdens höchstes Bauwerk dort hineinpassen würde.

?

Wie hoch ist Dresdens höchstes Bauwerk – und wie tief daher etwa der Brunnen?

Müllerbursche und Zirkuselefanten

Sicher hast du schon von dem Lied „Das Wandern ist des Müllers Lust" gehört! Der Text ist von Wilhelm Müller, der sich gern im Plauenschen Grund aufhielt.
Im angrenzenden Ort Plauen – heute ein Stadtteil von Dresden – besaß Traugott Bienert an der Weißeritz eine große Mühle. Er gab viel Geld für wohltätige Zwecke aus. Beiden zur Erinnerung entstand am F.-C.-Weiskopf-Platz 1902 ein Brunnen mit einem Müllerburschen und einem Wasserrad.
Der so genannte Elefantenbrunnen im Stadtteil Wachwitz war früher eine Tränke, an der die im Ersten Weltkrieg als Zugtiere eingesetzten Elefanten des Zirkus Sarrasani getränkt wurden.

Putjatin-Denkmal

Er hatte eine Schaukel für mehrere Personen, seine Kutsche war beheizt, und gegen bissige Hunde schützte er sich mit Schienen an den Waden. Der liebenswerte Sonderling, von dem hier die Rede ist, war Fürst Putjatin, der Ende des 18. Jahrhunderts nach Kleinzschachwitz – seit 1921 Stadtteil von Dresden – kam.

Da er dem Ort unter anderem eine Schule bauen ließ, erinnert heute am Putjatinplatz ein Denkmal an ihn. Er sitzt dort mit seinen „geliebten Möpsen" auf einer Sandsteinschaukel.

GOTTESHÄUSER IN DER STADT

Frauenkirche

Die bekanntesten Kirchen findest du im Zentrum. Die von George Bähr entworfene Frauenkirche wurde von 1726 bis 1743 erbaut und war mit ihrer steinernen Kuppel einzigartig für die Region nördlich der Alpen. Im Zweiten Weltkrieg wurde sie wie viele andere Kirchen der Stadt zerstört. Als man sich 1990 entschloss, sie wieder aufzubauen, kamen Spenden aus aller Welt. Im Oktober 2005 war mit der Weihe der Wiederaufbau abgeschlossen. Die Kirche bietet neben dem Aufstieg auf die Kuppel auch spezielle Führungen für Kinder und Jugendliche an. George Bähr hat im Übrigen noch an weiteren Kirchen in Dresden mitgewirkt: an der Loschwitzer Kirche und der Dreikönigskirche.

Frauenkirche

Loschwitzer Kirche

Kathedrale

Durch einen Übergang mit dem Residenzschloss verbunden ist die ehemalige Hofkirche. Der Sohn Augusts des Starken, Friedrich August III., ließ sie bauen. Seit 1980 ist sie Kathedrale, also Bischofskirche. Auf dem Dach und in den Nischen stehen 78 überlebensgroße Heiligenfiguren. In der Gruft werden das Herz Augusts des Starken und die Särge der nachfolgenden Kurfürsten und Könige aufbewahrt.

Kathedrale

Kreuzkirche

Kreuzkirche

Über 3000 Sitzplätze verfügt die Kreuzkirche. Hier ist der weltberühmte Kreuzchor zu Hause, der bereits seit 800 Jahren existiert. Den Namen verdankt das Gotteshaus einer Kreuzreliquie (einem Stück Holz, das der Legende nach vom Kreuz Jesu stammt), die im 13. Jahrhundert nach Dresden kam.

Russisch-orthodoxe Kirche

Russisch-orthodoxe Kirche

In unmittelbarer Nähe des Hauptbahnhofes standen vor einhundert Jahren vier so genannte Ausländerkirchen: eine englische, eine schottische, eine amerikanische und eine russische Kirche. Einzig die russisch-orthodoxe Kirche blieb erhalten. Gebaut im Stil der Moskauer Kirchen des 17. Jahrhunderts wurde sie 1874 geweiht.

Christuskirche in Strehlen

Mit der Christuskirche in Strehlen entstand 1905 eine Kirche im so genannten Jugendstil, mit zwei mächtigen Türmen, die zu bestimmten Anlässen auch bestiegen werden können (im Pfarramt nachfragen!).

Christuskirche

Trinitatiskirche, St. Pauli und Zionskirche

Drei Kirchen sind nach dem Zweiten Weltkrieg als Ruinen erhalten geblieben. Die Ruine der Trinitatiskirche wird heute als Veranstaltungsort genutzt. Die Ruine St. Pauli im Hechtviertel dient als Theater, und in der Ruine der Zionskirche werden Reste von bedeutenden Gebäuden, Gedenktafeln und Ähnliches aufbewahrt.

Garnisonkirche

Garnisonkirche

Für die Soldaten der Albertstadt wurde 1900 die Garnisonkirche geweiht. Sie ist ein Simultanbau. Das bedeutet, unter dem Dach sind zwei Kirchen zu Hause: eine evangelische und eine katholische Kirche.

?

Der evangelische Teil der Garnisonkirche wird heute nicht mehr als Gotteshaus genutzt. Es befindet sich dort unter anderem das Depot der Puppentheatersammlung. Um die Puppen zu besichtigen, müsst ihr aber woanders hin. Wo sind sie zu finden?

Neue Synagoge

Ein modernes Gotteshaus steht seit 2001 an der Stelle der alten, 1938 von den Nationalsozialisten in Brand gesteckten Semper-Synagoge – die Neue Synagoge mit dazugehörigem Gemeindezentrum.

Neue Synagoge

TURMBLICKE

Fernsehturm

Das höchste Gebäude der Stadt ist mit 252 Metern der 1969 vollendete Fernsehturm in Dresden-Wachwitz. Leider sind die Aussichtsplattform und das ehemalige Turmcafé schon seit langem für Besucher geschlossen.

Rathausturm

Im Zentrum ist der Rathausturm das höchste Bauwerk. Die Gesamthöhe (einschließlich des 4,90 Meter großen goldenen Rathausmannes an der Spitze) beträgt 100 Meter. Von der Aussichtsplattform in 68 Metern Höhe hast du einen wunderbaren Blick über die Dächer der Stadt.

Im Osten der Stadt ist der 48 Meter hohe Ernemannturm ein lohnenswertes Ziel. In dem Gebäude, das er ziert, sind die Technischen Sammlungen zu Hause. Ihr habt dort die Möglichkeit, verschiedenste Experimente auszuprobieren.

Weitere „Ausgucke" im Zentrum

Andere wichtige Aussichtspunkte in der Innenstadt sind die Frauenkirche, die Türme der Kreuz- und der Dreikönigskirche sowie der Hausmannsturm des Residenzschlosses.

Frohbergs Burg und Fichteturm

Neben der Höhe eines Aussichtspunktes ist die Lage besonders wichtig. Im Süden der Stadt hat man vom Fichteturm und vom Aussichtsturm „Frohbergs Burg" auf dem Hohen Stein einen wunderschönen Blick auf die Stadt. Beide Türme stehen im Stadtteil Plauen.

Luisenhof

Im Norden Dresdens ist der Aussichtsturm des Restaurants Luisenhof besonders empfehlenswert. Einhundert Stufen führen auf die Aussichtsplattform, die seit kurzem jedoch leider nicht mehr öffentlich zugänglich ist. Aber auch von der Terrasse sieht man bei gutem Wetter bis ins Erzgebirge.

Fichteturm ___ m

Frohbergs Burg 10 m

MODERNES

Alte Häuser waren auch einmal neu und erregten zur Zeit ihres Baus häufig so viel Aufsehen wie moderne Architektur heute. Oh Gott, was ist denn das? Solche und ähnliche Sätze hört man häufig, wenn in Dresden etwas Neues gebaut wird. Aber schau dir die modernen Bauten doch einfach mal selber an.

Kristallpalast und Rundkino

Mit dem Kristallpalast eröffnete 1998 nicht nur ein supermoderner, sondern auch ein architektonisch interessanter Kinobau.

Daneben steht das Rundkino, welches 1972 seine ersten Gäste erlebte und zu dieser Zeit auch etwas ganz Modernes war.

Kugelhaus, World Trade Center und Neue Synagoge

Am heutigen Straßburger Platz stand von 1928 bis 1938 das erste Kugelhaus der Welt. Am Hauptbahnhof eröffnete 2005 ein neues Gebäude dieses Namens, das allerdings nicht so schön frei steht wie das alte.

Mit dem WTC (World Trade Center) wurde an der Freiberger Straße ein riesiger und moderner Komplex geschaffen. Besonders beeindruckend ist dabei die überdachte Straße, die den Blick zum Turm frei gibt. An dieser Stelle stand früher eine der vielen Dresdner Schokoladenfabriken!

An der Stelle, an der sich die alte Synagoge bis zu ihrer Zerstörung durch die Nazis 1938 befand, konnte 2001 eine neue geweiht werden. Sehr auffällig ist die stufenweise Verdrehung des Gebäudes in Richtung Osten (Orient), wohin Gotteshäuser gewöhnlich ausgerichtet sind. Daher kommt übrigens auch das Wort „orientieren".

St. Benno-Gymnasium & Co.

Schule kann Spaß machen! Mit dem St. Benno-Gymnasium entstand ein ganz besonderes Schulhaus, das nicht nur den Lehrern und Schülern gefällt. Die locker aneinander gereihten Klassenzimmer, die Farben und das Licht sind ein Erlebnis. Aber auch für die Freizeitgestaltung entstanden moderne Bauten. Da wäre z. B. die Schieferburg in Gruna (Liebstädter Straße), die 1996 eröffnet wurde, oder das Jugendhaus in Prohlis, welches du auf der Niedersedlitzer Straße findest.

ICC und Gläserne Manufaktur

Das ICC (Internationales Congress Center) machte Dresden fit für große Kongresse. Seine Lage an der Elbe, die Nähe zum Zentrum und das dazugehörige Hotel im alten Erlweinspeicher zeichnen den Standort aus. Im großen Kongresssaal finden weit über 4000 Teilnehmer Platz. Den Beinamen Neue Terrasse erhielt das ICC, weil es – ähnlich der Brühlschen Terrasse – begehbar ist.

Am Straßburger Platz werden in der Gläsernen Manufaktur von VW Luxusautos hergestellt. Wer dabei zusehen will, wie die Autoteile von weißbehandschuhten Monteuren von Hand zusammengesetzt werden, kann sich zu entsprechenden Führungen anmelden.

VERLOREN GEGANGENES

Vieles in der Stadt ging im Laufe der Jahrhunderte durch Kriege oder Brände verloren, vieles wurde aber auch bewusst verändert.

Zerstörtes

Besonders schwer hatte Dresden aber – wie andere Städte auch – unter der Zeit des Nationalsozialismus (1933 – 1945) zu leiden.

Unvorstellbar ist noch heute das In-Brand-Setzen von Synagogen in Deutschland 1938. Auch die Dresdner Synagoge, erbaut nach Plänen Gottfried Sempers, wurde auf diese Weise zerstört.

Im selben Jahr trug man auch das erste Kugelhaus der Welt im Großen Garten ab, weil es als „undeutsch" galt. Viele erinnern sich in Altfranken, einem Dresdner Stadtteil, auch noch an das schöne Schloss des Grafen Luckner, das die Nazis 1939 abrissen, weil sie an dieser Stelle eine Spezialschule erbauen wollten.

Am Ende des Zweiten Weltkriegs war vor allem Dresdens Innenstadt ein Ruinenmeer. Straßen, Plätze, Kirchen, Theater, die bekannten Sehenswürdigkeiten im Zentrum – alles war völlig zerstört. Noch 1945 begann man jedoch, die Stadt von den Trümmern zu befreien. Mit Trümmerbahnen brachte man den Schutt zu alten Lehmgruben an die Elbe und häufte zwei riesige Trümmerberge an.

In Dobritz an der Kiesgrube und neben dem Alberthafen in der Friedrichstadt kannst du noch die Trümmerberge finden.

Hier siehst du kleine Bildausschnitte. Welcher gehört zu welchem Bild? Trage die Buchstaben ein! Lösungswort: __________

Verlorenes

Vieles wurde wieder aufgebaut, aber die alte Innenstadt mit ihren engen Straßen und Gassen ist für immer verloren. Noch heute trifft man auf große freie Flächen im Zentrum, die es dort früher nicht gab. Von den nicht wiedererstandenen Gebäuden sind am bekanntesten die Sophienkirche am Postplatz, deren Überreste man sogar gezielt abriss, das 4000 Besucher fassende steinerne Zelt des Zirkus Sarrasani in der Neustadt, das Albertheater am Albertplatz, das Neustädter Rathaus am Goldenen Reiter, die Häuser am Altmarkt und in der Prager Straße. Aber vielleicht hast du ja einmal Lust, zu den Stellen zu spazieren, an denen all diese Gebäude gestanden haben?
Außerhalb des Stadtzentrums fielen dem Krieg u. a. die alten Dorfkerne von Gruna und Striesen und die Königliche Villa in Strehlen zum Opfer.

Verändertes

Neben den genannten Sehenswürdigkeiten verlor die Stadt im Laufe der Jahre aber auch viele wichtige Produktionsstätten. Ist Dresden heute ein Zentrum der Mikroelektronik, so war es früher u. a. eine Stadt der Schokolade, der Fotoapparate und der Tabakindustrie.

U Das 1912 eröffnete Sarrasani-„Circus-Theater" (um 1920)
I Elefanten des Zirkus Sarrasani beim Bad in der Elbe (um 1920)
R Das Kugelhaus am Stübelplatz (heute Straßburger Platz), erbaut 1928 (um 1930)
K Die Sophienkirche am Postplatz (um 1900)
Z Altmarkt mit Germania-Denkmal (um 1900)
S Schloss Altfranken (um 1890)

VERSTECKTES

Liebte er sie?
Und liebte sie ihn?
Fest steht, dass sie durch diese Geschichte berühmt wurde und als Steinfigur am alten Rathaus von Blasewitz zu finden ist. Gemeint ist die Gustl von Blasewitz.

Ihr angeblicher Verehrer hat sie in einem seiner Werke („Wallensteins Lager") verewigt. Wie heißt der bekannte Dichter?

....

?

Auch im Zentrum sind nicht alle Sehenswürdigkeiten leicht zu finden. Nach dem berühmten Brückenmännchen an der Augustusbrücke zum Beispiel musst du intensiv Ausschau halten.

Na, an welchem Pfeiler befindet es sich?

....

Ein Häuptling in Dresden ist schwer vorstellbar, noch unwahrscheinlicher ist es, dass er hier begraben liegen soll. Edward Two-Two war eine Attraktion beim Zirkus Sarrasani, und sein Grab befindet sich auf dem Äußeren Katholischen Friedhof in der Friedrichstadt.

Dass auch größere Dinge manchmal nur schwer zu finden sind, zeigt die immerhin 23 Meter hohe Bismarck-Säule in Zschertnitz. Gewöhnlich stehen solche Säulen auf Anhöhen. Da aber im Umfeld ein Wohngebiet gebaut wurde, ist dieser Turm mittlerweile doch recht versteckt. Aber du findest ihn bestimmt!

An der Bodenbacher Straße, Ecke Marienberger Straße steht ein Sühnekreuz. Solche Steinkreuze mussten Schwerverbrecher im Mittelalter als Mahnmal aufstellen.

Jeder weiß eigentlich, dass die Geschichte nicht stimmt, und doch wird er immer wieder gesucht – der angebliche Daumenabdruck Augusts des Starken am Geländer der Brühlschen Terrasse (ganz in der Nähe des Denkmals für Johann Friedrich Böttger). Abgesehen davon, dass wohl auch August Metall nicht einfach eindrücken konnte, wurde das Geländer erst nach seinem Tod angebracht.

Wenn du zum Weißen Hirsch, nach Blasewitz, Loschwitz, Plauen und Strehlen kommst, werden dir die wunderschönen Villen und Mietshäuser auffallen. Die Fassaden und Hausflure sind reich verziert, und auf den Dächern findet man häufig kleine Türmchen. An der Lockwitzer Straße, Ecke Lenbachstraße in Strehlen ist sogar ein Drachen dargestellt.

Ganz in der Nähe, an der Mockritzer Straße, steht eine alte Schule. Geht man auf den Schulhof, kann man dort eine Sonnenuhr finden.

Ein besonderes Naturdenkmal ist der Hohe Stein am Plauenschen Grund. Er war einmal eine Brandungsklippe des alten Kreidemeeres. Das heutige Stadtzentrum lag somit damals auf dem Meeresgrund.

GEWÄSSER DER STADT

Die Elbe

Was wäre Dresden ohne die Elbe? Es gäbe keine Augustusbrücke und kein Blaues Wunder, keine Dampfer, keinen Hafen und keine Elbwiesen. Sanft schlängelt sie sich auf einer 30 Kilometer langen Strecke durch die Stadt. Ab und zu sieht man einen Angler oder findet sogar eine Muschel. Die Elbe lebt. Gleichzeitig ist sie eine wichtige Wasserstraße, die Dresden mit Hamburg und somit mit den Weltmeeren verbindet.

Weißeritz und Prießnitz

Im Westen der Stadt mündet die Weißeritz in die Elbe. Sie kommt aus dem Erzgebirge. Weil sie häufig zu einem reißenden Fluss wurde, leitete man sie 1893 in ein neues Flussbett um – ursprünglich mündete sie bei der Marienbrücke in die Elbe. Die Weißeritzstraße beim Bahnhof Mitte erinnert noch heute daran. Später baute man Talsperren, um die Weißeritz zu bändigen. Das Hochwasser 2002 kam allerdings zu unerwartet – und prompt suchte sich die Weißeritz ihr altes Bett!

An der Neustädter Seite mündet die Prießnitz in die Elbe. Sie entspringt im Rossendorfer Teich und fließt quer durch die Dresdner Heide.

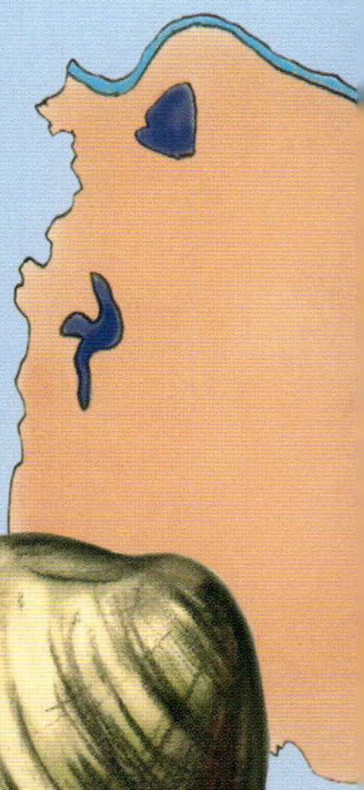

Der unsichtbare Kaitzbach

Obwohl er mitten durch die Innenstadt verläuft, ist der Kaitzbach nur selten zu sehen. Auf dem Weg in die Elbe ist er Wasserspender für den Carolasee im Großen Garten.

Wenn ihr alle oberirdischen Gewässer der sächsischen Landeshauptstadt wissen wollt, solltet ihr euch beim Dresdner Umweltamt die aktuelle Karte besorgen!

Carolasee, Moritzburger Seen, Kiesgruben, Staubecken ...

Sommers wie winters ist der Carolasee im Großen Garten beliebt. In der warmen Jahreszeit dient er als Gondelteich, und wenn es kalt ist, bei festem Eis, als Möglichkeit zum Schlittschuhlaufen.

Neben Flüssen und Bächen zählen zu den Gewässern der Stadt auch die Kiesgruben (in Leuben oder Sporbitz), die kleine Talsperre in Kauscha oder die Staubecken des Pumpspeicherwerkes Niederwartha.

Vor den Toren der Stadt liegt Moritzburg mit seiner Teichlandschaft; das Schloss zählt zu den beliebtesten Ausflugszielen.

PICKNICK IM GRÜNEN

Dresden zählt zu den grünsten Großstädten in Deutschland. Zum Stadtgebiet gehört im Nordosten die Dresdner Heide, ein Waldgebiet mit einer Fläche von etwa 50 Quadratkilometer. Ihr Wegenetz eignet sich bestens zum Spazieren oder Radfahren. Außerdem gibt es viel zu entdecken.

Wolfshügelturm

Zum Beispiel kannst du in der Nähe des Waldspielplatzes Albertpark den Wolfshügel besteigen und wirst dort die Ruine des alten Aussichtsturmes finden, welcher 1945 gesprengt wurde. Eine besondere Gestalt steht an einer Treppe, die von der Mordgrundbrücke in die Heide führt: ein Zentaur, also ein Pferd mit dem Oberkörper eines Menschen.

Die Elbe und die Elbhänge

Was gibt es Schöneres, als mit dem Fahrrad an der Elbe entlang zu fahren und bei einer Rast auf den Wiesen den Blick auf die Elbschlösser, das Blaue Wunder oder die wunderschön bebauten Hanglagen zu genießen? An der Elbe gelegen ist auch der Rosengarten, in dem es sich nicht nur wegen der kleinen Gaststätte gut Pause machen lässt.

Der Rhododendronpark

In Wachwitz gibt es den Rhododendronpark. Er verdankt seinen Namen einer Pflanze mit dicken Blättern und großen Blüten. Sie zählt zu den Heidekrautgewächsen und gedeiht auf Dresdner Boden besonders gut.

Der Große Garten

Der Große Garten ist mit Abstand die größte Parkanlage der Stadt – etwa zwei Kilometer lang und ein Kilometer breit. Quer durch diesen fährt die Parkeisenbahn. Mit ihr erreichst du den Carolasee. Die großen Rasenflächen laden zum Spielen, Ausruhen und zum Picknicken ein.

Zum Großen Garten gehören aber auch der Zoo, das Palais (wie man auf Französisch zu Schloss sagt) oder der Mosaikbrunnen. Auf seinen asphaltierten Wegen lässt es sich im Übrigen auch prima skaten.

?

Im Großen Garten findest du auch den Botanischen Garten. Was glaubst du, wie viele Pflanzenarten sind auf seinem Territorium ungefähr zu finden?
a) 100 000 b) 10 000 c) 1 000?

Das „Gebirge in der Stadt“ und die Elbinsel

Etwas weiter stadtauswärts in Richtung Osten liegen der Helfenberger-, der Kepp- und der Meixgrund. Hier könntest du denken, weit von einer Stadt entfernt im Gebirge zu sein. Nicht zuletzt gehört zum grünen Dresden die Elbinsel bei Pillnitz, welche schon lange Naturschutzgebiet ist.

TIERISCHES

Viele Tiere gibt es in der Stadt – mehr als Menschen. Manche Stadtbewohner halten sich zu Hause Hamster oder Schildkröten. Wesentlich mehr entscheiden sich für Hunde oder Katzen. Neben den unzähligen Haustieren begegnet man aber auch Vögeln, Fledermäusen, Eichhörnchen, Hasen, ja sogar Füchsen. Sie leben mitten in der Stadt und ernähren sich unter anderem auch von unseren Abfällen. Wer in Waldnähe wohnt, findet seinen Garten auch schon einmal von Wildschweinen durchwühlt.

Besonders stolz sind die Dresdner auf die zahlreichen Fische, die sich in der Elbe wieder wohlfühlen können. Wenn du Glück hast, entdeckst du sogar einen Angler.

Suche am Elbufer – z. B. bei der Pillnitzer Elbinsel – nach Muscheln. Du wirst staunen, wie groß diese sein können.

Affen & Co.

Willst du Tiere ferner Kontinente sehen, so musst du den Zoo aufsuchen. Er befindet sich am Südrand des Großen Gartens. Gegründet wurde er bereits 1861 und zählt zu den ältesten Tiergärten Deutschlands. Greifvögel, Aquarien, Pinguine oder Affen, es gibt viel zu entdecken. Eine besondere Attraktion ist das Afrikahaus. Hier findest du auch das größte und schwerste Tier des Tierparks, den Elefanten.
Schau doch mal auf die Internetseite des Zoos, da erfährst du nicht nur, was die Zooschule ist, es gibt dort auch eine Extra-Rubrik mit aktuellen Informationen nur für Kinder!

Vorbildlich! In der Tierwelt gibt es ein Männchen, das im Gegensatz zu fast allen seinen tierischen Kollegen die Vaterpflichten sehr ernst nimmt.
Während seine Frau, nachdem sie ein Ei gelegt hat, sich ums Fischefangen kümmert, übernimmt der hier gesuchte Tier-Mann das mehrwöchige Brüten. Wer ist's?

Anfassen erlaubt

Wer direkten Kontakt zu Tieren sucht, sollte unbedingt den Streichelzoo besuchen. Dort kann man dir auch deine Fragen zur Fütterung oder zur Haltung von Vierbeinern beantworten.

Tiere des Waldes

In der Dresdner Heide findest du unweit der Straßenbahnhaltestelle Wilhelminenstraße einen kleinen Wildpark.
Ein beliebtes Ausflugsziel vor den Toren der Stadt ist das Wildgehege in Moritzburg. Es geht auf den alten kurfürstlichen Tiergarten zurück, der vor 300 Jahren neben dem Moritzburger Jagdschloss lag. Elche, Mufflons, Luchse und andere Tiere sind dort in ihrer natürlichen Umgebung zu beobachten. Wenn du Glück hast, siehst du sogar einen Wolf. Durch das Rotwildgehege spaziert man mitten hindurch; die Ziegen, Schafe und Rehe lassen sich füttern. Futtertüten gibt es gegen ein kleines Entgelt am Eingang.

Schnelle Pferde – schicke Hüte

Richtig sportlich geht es auf der Pferderennbahn in Seidnitz zu. Bereits 1891 wurde sie eröffnet. An den Renntagen gibt es viel zu sehen. Menschen, die ihr Glück bei Pferdewetten probieren, oder Damen mit auffälligen Hüten.

Die Hauptrolle spielen aber natürlich die Jockeys mit ihren schnellen Pferden. Besonders gut kann man die Rennen von den schönen alten Zuschauertribünen beobachten.

Willst du das Reiten erlernen, so kannst du – z. B. in Pillnitz, Dobritz oder Bühlau – einen der zahlreichen Reiterhöfe aufsuchen, die es in Dresden gibt. Dabei lernst du dann auch, wie man Pferde striegelt oder was für Futter sie benötigen.

AB INS MUSEUM!

Dresden hat etwa 40 Museen. Ganz schön viel, was? Und die meisten davon haben für Kinder Spannendes zu bieten:

Das Grüne Gewölbe

Das Grüne Gewölbe im Erdgeschoss des Dresdner Schlosses verdankt seinen Namen den ehemals grünen Ausmalungen. Es ist eine der berühmtesten Schatzkammern der Welt. Eines der ersten Museen der Welt ist es auch: Im Jahre 1723 ließ August der Starke es für seine Schätze aus Gold, Silber und Edelsteinen einrichten. Am berühmtesten ist der „Hofstaat des Großmogul", der ein bisschen wie eine Puppenstube aussieht. Hier feiert der Großmogul Aurangseb zusammen mit 132 Gästen seinen Geburtstag. Sie kommen aus Indien, China, Persien und bringen fabelhafte Geschenke.

Gemäldegalerie Alte Meister und Galerie Neue Meister

In der Gemäldegalerie Alte Meister im Zwinger hängt die berühmte „Sixtinische Madonna" von Raffael. Die beiden Engel unten im Bild sehen aus, als würden sie sich ein klein wenig langweilen – seltsam angesichts der 760 anderen Gemälde, auf denen man z. B. entdecken kann, wie Dienstmädchen vor 300 Jahren Schokolade servierten oder wie Kinder früher angezogen wurden. Wusstest du, dass kleine Jungen damals Kleider trugen?
Die Bilder der Galerie Neue Meister im Albertinum sind nicht ganz so alt. Dennoch wirkt der „Brautzug im Frühling" von Adrian Ludwig Richter, als blickten wir in ein romantisches Märchen. Sein Namensvetter Gerhard Richter malte statt einer Märchenbraut eine strenge Sekretärin. Und auf den Bildern von Neo Rauch und Eberhard Havekost sind die Farben fast noch frisch, so neu sind sie.

Rüstkammer

Die meisten Rüstungen der Rüstkammer sind Prunkharnische. Man trug sie nur noch zu Ritterspielen und Turnieren. Das machte die Rüstung aber nicht bequemer. Um einen Reiter und sein Pferd einzurüsten, benötigte man rund 40 Teile. Allein der Helm wog um die zwei Kilo.

Mathematisch-Physikalischer Salon

Warum hört man den Wecker nicht klingeln, wenn er unter dem Glaszylinder der alten Vakuum-Pumpe steht? Und was passiert mit einer brennenden Kerze, wenn die Luft aus dem Zylinder gepumpt wird?

Die Antwort findest du in diesem Museum für Entdecker. Aber auch wer wissen will, was Zeit ist oder wie die Dresdner vor der Erfindung der Funkuhr ihre Uhren stellten, ist hier richtig.

Porzellansammlung

Der Elefant in der Porzellansammlung ist so klein wie eine Ziege. Johann Joachim Kaendler, der ihn aus Kaolin (feinem weißem Ton) formte, hat ihm einen Rüssel angedichtet, den er bei einer Gießkanne abgeschaut haben muss. Doch wir verzeihen ihm, denn er hat im Gegensatz zu uns sicher nie einen lebenden Elefanten gesehen.

Volkskunstmuseum

Im Jägerhof auf der Neustädter Seite befindet sich das Museum für Sächsische Volkskunst. Alte Puppen, Spielzeug, Ausstechformen für Plätzchen, gestickte Häubchen und Wiegen lassen erahnen, wie Kinder früher lebten.
In der Puppentheatersammlung stellt man erstaunt fest, dass nicht jeder Kasper eine lange Nase und eine Zipfelmütze hat. Die Puppentheatersammlung hat übrigens einen Kinder-Club, der Kinderführungen oder das Gestalten einer Ausstellung anbietet. Du kannst dort aber auch Puppen bauen und damit spielen (Infos unter 0351 / 838 75 71).

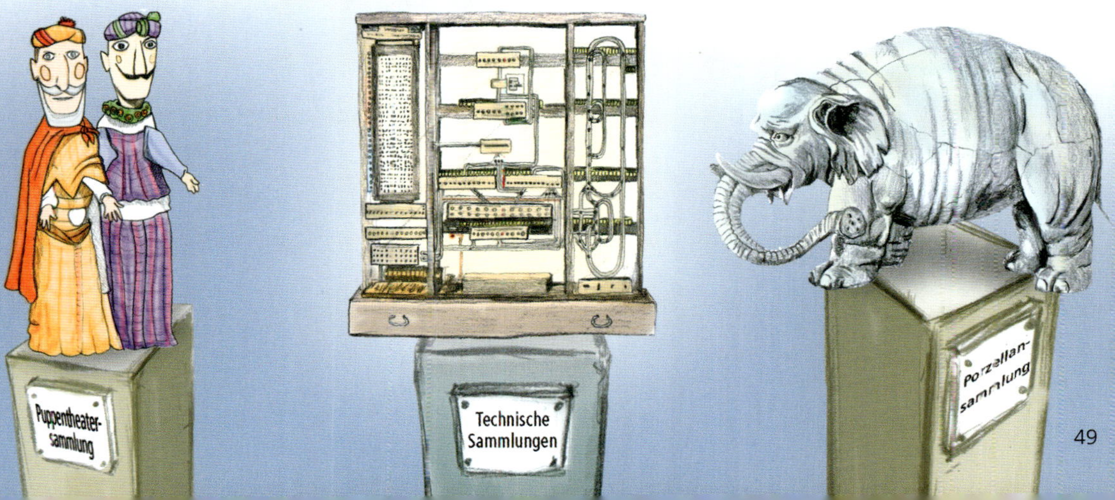

Hygiene-Museum

Im Deutschen Hygiene-Museum am Lingnerplatz gibt es sogar ein extra Kindermuseum. Hier kann man beim Spielen lernen! Hören, schmecken, riechen, fühlen und sehen – alle fünf Sinne sind gefragt! Greif doch mal die riesige Zunge an, die dort ausgestellt ist, oder schau in ein Ohr. Wir Menschen sind ein Wunder, und das Museum versucht, dieses Wunder zu erklären.

Technische Sammlungen

Die Technischen Sammlungen im Stadtteil Striesen sind ebenfalls auf deinen Besuch vorbereitet. Du kannst dort eine Vielzahl von Experimenten machen, aber auch etwas über Feuerwehren, den Bau von Fotoapparaten oder Computern erfahren.

Verkehrsmuseum

Autos, Lokomotiven, Fahrräder, Flugzeuge, Motorräder, Schiffe und vieles mehr kannst du dir im Verkehrsmuseum am Neumarkt ansehen.

Kleinbauernmuseum

Natürlich ist es auch interessant, unter welch einfachen Bedingungen Menschen früher lebten. Das Kleinbauernmuseum in Dresden-Reitzendorf zeigt dir, wie beschwerlich das Leben der Menschen einstmals auf dem Dorf war.

Heimat- und Palitzschmuseum

Dieses Museum befasst sich mit einem besonders klugen Bauern. Gemeint ist das Heimat- und Palitzschmuseum in Prohlis. Johann Georg Palitzsch war nicht nur ein international geachteter Astronom. Er setzte sich auch für das Anbringen von Blitzableitern und den Anbau der Kartoffel ein.

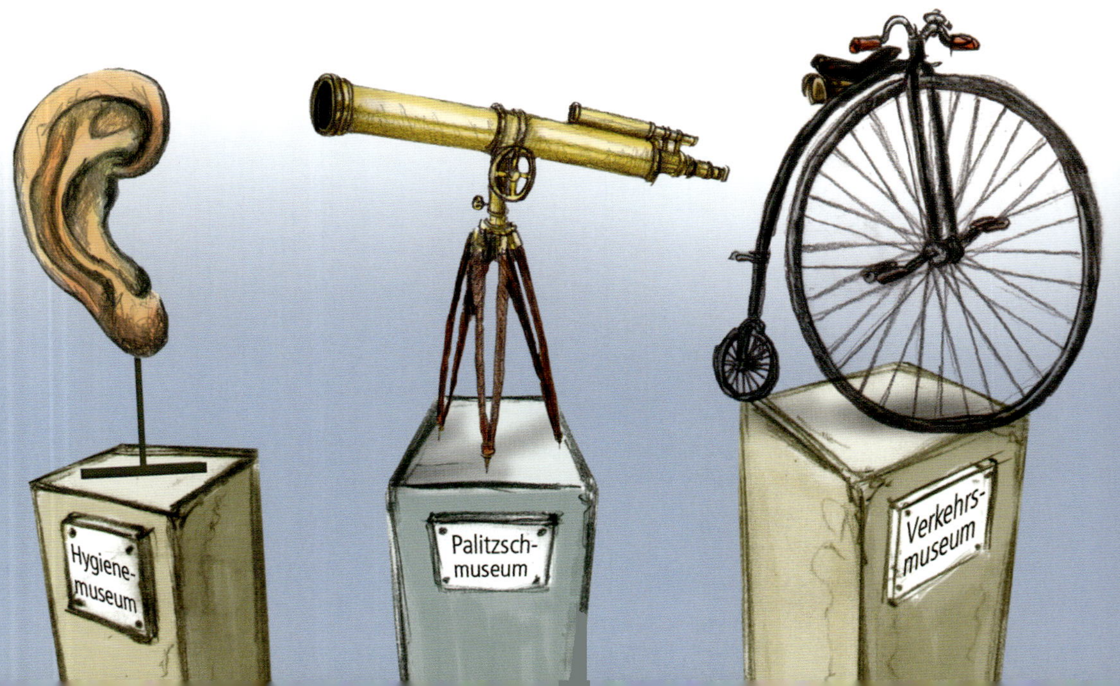

Stadtmuseum

Alles zur Geschichte der Stadt Dresden zeigt das Stadtmuseum an der Wilsdruffer Straße. Auf seiner Homepage findest du im Übrigen eine Extra-Rubrik „Junge Seite" mit Spielen, Tipps und aktuellen Angeboten für die jungen Museumsbesucher.

Städtische Galerie

Im selben Haus ist die Städtische Galerie untergebracht. Hier könnt ihr nicht nur Bilder von Dresdner Künstlern bestaunen, sondern in speziellen Kinderkursen auch selbst welche gestalten.

Erich Kästner Museum

Am Albertplatz in der Neustadt findest du das Erich Kästner Museum. Die kleine Villa, in der du anders als in vielen Museen alles anfassen, ja sogar Schubladen aufziehen darfst, gehörte früher Franz Augustin, dem Lieblingsonkel des berühmten Schriftstellers.

Japanisches Palais

Wenn du dich für die Geschichte der Menschheit bis in die Steinzeit oder ferne Welten wie Afrika, Amerika, Asien, Ozeanien interessierst, bist du im Japanischen Palais richtig. Hier befinden sich nämlich das Landesmuseum für Vorgeschichte und das Museum für Völkerkunde. Dort wird das ganze Jahr über eine Menge für Kinder aller Altersstufen geboten, und in den Ferien kannst du besondere Aktionsangebote buchen.

Kasematten

Ein besonderes Museum befindet sich unterhalb der Brühlschen Terrasse. Es heißt Museum Festung Dresden / Kasematten und zeigt nicht nur das einzig erhaltene Stadttor Dresdens (aus dem 16. Jahrhundert), sondern auch die Bedingungen, unter denen die Soldaten damals die Stadt bewachten.

ALLES THEATER!

Was heißt eigentlich „Theater"? Es bedeutet, dass eine Handlung vor Publikum dargestellt wird.

Sprechtheater, Musiktheater, Tanztheater, Puppentheater und Filmtheater

Unter Sprechtheater versteht man ein Schauspiel, das traurig sein kann oder lustig.
Musiktheater steht für Oper und Operette und Tanztheater für Ballett. Das Puppentheater lebt von den verschiedensten Puppenarten. Eine Sonderform ist das Filmtheater, das Kino.

Nicht nur was für Erwachsene

Du kannst in Dresden in die Semperoper gehen, in die Staatsoperette, ins Schauspielhaus am Postplatz oder in die Komödie im World Trade Center. In all diesen Spielstätten gibt es immer wieder auch etwas für kleine Besucher!

Theater Junge Generation

Speziell an Kinder und Jugendliche richtet sich das Theater Junge Generation (TJG) an der Meißner Landstraße. Hier wird gespielt, experimentiert, uraufgeführt.

Zum TJG gehört auch das Puppentheater im Rundkino an der Prager Straße. Aber auch im mai hof Puppentheater in Dresden-Weißig, in der Zschoner Mühle im Zschonergrund oder im Sonnenhäusel im Großen Garten kannst du die Puppen tanzen sehen.

Na, welches Dresdner Theatergebäude ist mit diesen Symbolen gemeint?

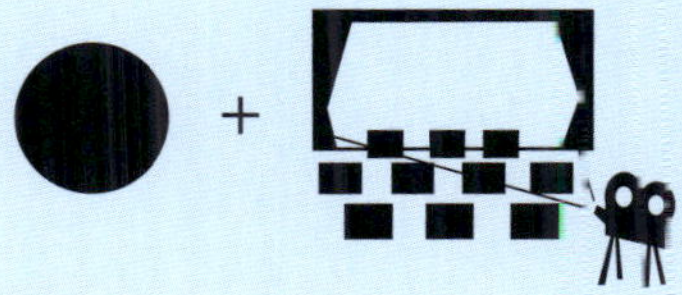

Willst du selber Theaterstücke erfinden und aufführen?

Dann werde Mitglied im Kinder Theater Spiel Klub des TJG, das im Übrigen auch Theaterführungen und -workshops anbietet (Infos unter 0351/42 91 20).

In der Jugend&KunstSchule im Schloss Albrechtsberg kannst du alle möglichen Formen des Theaters bis hin zum Figurentheater ausprobieren und auf die Bühne bringen. Sogar eine Kostümwerkstatt gibt es, in der du selber Kostüme nähen kannst!

Yenidze

Märchen aus 1001 Nacht werden in der Yenidze in der Friedrichstadt erzählt. Kannst du dir eine passendere Spielstätte als die gläserne Kuppel dieser alten Tabakfabrik vorstellen, die wie ein orientalischer Palast aussieht?

Tanz, tanz, tanz

Warum den „Kleinen Muck" nur lesen, wenn man ihn auch tanzen kann? Im Tanzhaus Friedrichstadt, das sich entgegen seinem Namen in Strehlen befindet, kannst du das jedenfalls ausprobieren. Es bietet eine Reihe von Bühnentanzkursen für Kinder an.

RUND UM WASSER, WÄRME, STROM

Wasser

Wasser ist lebenswichtig. Früher gruben die Menschen Brunnen oder entnahmen es Flüssen und Seen. Heute drehen wir den Wasserhahn auf, und es ist da. Für Essen und Trinken, für Baden oder Duschen, zum Wäschewaschen und Geschirrspülen bis hin zur Toilettenspülung ist es unersetzlich.

Errechne deinen eigenen Wasserbedarf!
Der Mensch sollte am Tag ca. 2,5–3 Liter Flüssigkeit zu sich nehmen. Die richtige Menge richtet sich nach dem Körpergewicht, also ca. 35–45 ml pro 1kg Körpergewicht. Rechne doch mal die ungefähre Menge Liter Wasser für dich aus!

Wo kommt nun aber das saubere Wasser für Dresden her? Der größte Teil der Trinkwasserversorgung wird durch Talsperren im Osterzgebirge abgesichert, den Rest gewinnt man aus der Elbe.

Um dem Wasser Trinkwasserqualität zu geben, ist ein großer Aufwand nötig. Daher wird es zuerst zu den Wasserwerken, zum Beispiel in Coschütz oder Hosterwitz, geleitet und dann sehr aufwendig gereinigt. Dabei muss es durch viele Filter fließen und wird ständig kontrolliert. Ist es richtig sauber, wird es in große Leitungen gepumpt und gelangt über diese auch zu dir.

Mit deiner Klasse kannst du dich zu einem Rundgang in einem der Wasserwerke anmelden.

Wärme

Ähnlich wichtig ist die Wärmeversorgung. Einige nutzen vielleicht einen Ofen oder Kamin, aber in den meisten Häusern stehen Heizkörper, welche häufig über die Fernwärme versorgt werden.
Seit 1900 gibt es in Dresden Fernwärme, was bedeutet, dass die in einem Heizwerk erzeugte Wärme über eine Leitung zu den Verbrauchern geleitet wird. Zwischen Brühlscher Terrasse, Kathedrale und Schloss ist solch ein alter Fernwärmekanal – mit Begleitung – sogar noch begehbar.

Strom

Neben Wasser und Wärme brauchen wir unbedingt Strom. Ob Beleuchtung, Waschmaschine, Herd oder die vielen anderen elektrischen Geräte – ohne Strom sind sie nicht nutzbar.

Für uns kommt der Strom aus der Steckdose, aber wie kommt er dorthin? Strom wird in Kraftwerken erzeugt und dann über viele Stationen zu uns geleitet. Eines der Kraftwerke steht an der Nossener Brücke. Es ist nicht nur supermodern, sondern auch schön anzuschauen, da es nicht mausgrau, sondern farbenfroh gestaltet wurde. Weitere Kraftwerke findest du zum Beispiel in Reick oder Klotzsche.

Zuständig für Wasser, Wärme und Strom in Dresden ist die DREWAG. Dort kannst du dich auch nach Besichtigungsterminen erkundigen (Infos unter 0351 / 860 41 18).

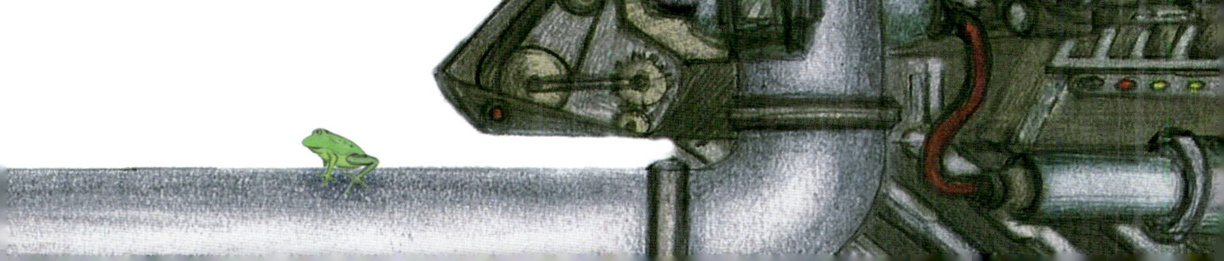

DRESDNER ERFINDUNGEN

Weiße Kostbarkeit

Johann Friedrich Böttger behauptete, Gold herstellen zu können. August der Starke ließ ihn daraufhin gefangen nehmen und befahl ihm, diese Behauptung unter Beweis zu stellen. Das schaffte er natürlich nicht. Aber gemeinsam mit dem Gelehrten Ehrenfried Walther von Tschirnhaus gelang es Böttger dafür, Porzellan zu produzieren. Es war damals so wertvoll, dass man es „Weißes Gold" nannte. Nun konnte es in Europa angefertigt werden, und man musste es nicht mehr aus Asien importieren. Dafür gründete man eine Porzellanmanufaktur, die seit 1710 in Meißen das noch heute beliebte Porzellan herstellt.

Wo, wann, was?

Diese Geschichte ist bekannt, andere weniger. Wo wurde was wann erfunden? Darüber geben Patente Auskunft, von denen allein Manfred von Ardenne im Laufe seines Lebens 600 anmelden konnte – das erste im Alter von 15 Jahren!

Vom Bierdeckel bis zur Milchschokolade

Patente gab es für die Erfindung des Bierdeckels von Robert Sputh, für den Kaffeefilter von Melitta Benz oder für den ersten Teebeutel. Viele Erfindungen waren aber eigentlich nur Weiterentwicklungen, wie zum Beispiel in der Fotoapparateproduktion. Auch für Süßschnäbel gab es in Dresden erwähnenswerte neue Ideen, wie etwa die Milchschokolade, die erstmals hier hergestellt wurde.

Tuben und Fläschchen

Gern wird auch darauf hingewiesen, dass aus Dresden die erste Zahnpasta in Tuben kam. Dr. Heinsius von Mayenburg hatte den Einfall. Seine Firma ist die Vorgängerin der heutigen Dental Kosmetik GmbH & Co. KG, die unter anderem die Kinderzahnpasta Putzi herstellt. Eine andere Firma füllte erstmals Schuhcreme in Tuben ab. Ein weltweit bekanntes Produkt, das Mundwasser Odol, wurde ebenfalls erstmalig in Dresden hergestellt.

?

Andere Erfindungen sind sogar nach Dresden benannt. Denk mal an zwei ganz besonders leckere Dinge, die es in der Bäckerei gibt, den Dresdner Christstollen oder die Dresdner E _ _ _ _ _ _ _ _ _ _ e!

Klar zur Aufnahme

Eine grandiose Erfindung wurde 1928 patentiert. Ein gewisser Prof. Pfleumer erfand das Magnetband, das es ermöglichte, Tonbandaufnahmen zu machen.

VON EMIL BIS WINNETOU

Über Dresden wurde schon viel geschrieben. Viele Dresdner schrieben auch selbst – einige darunter auch Kinderbücher. Und manch einer wurde damit sehr berühmt.

Erich Kästner

Der Bekannteste von ihnen ist wohl Erich Kästner, der 1899 in der Dresdner Neustadt (Königsbrücker Straße 66) zur Welt kam (gestorben 1974). Was er als Kind erlebte, hat er in „Als ich ein kleiner Junge war" genau beschrieben.

?

Drei Bücher kennst bestimmt auch du von ihm.

„Emil ...."

„Das .... Lottchen"

„.. Anton"

Ludwig Renn

Unweit von Erich Kästners Geburtshaus kam 1889 Arnold Friedrich Vieth von Golßenau zur Welt (gestorben 1979). Später nannte er sich Ludwig Renn. Seine Kindheitserinnerungen beschrieb er in dem Buch „Meine Kindheit und Jugend", das wie Kästners „Als ich ein kleiner Junge war" 1957 erschien. Übrigens gingen beide, wie in ihren Büchern zu lesen, auf dieselbe Schule, die IV. Bürgerschule an der Tieckstraße, und nach der Zeugnisausgabe saßen sie mit ihren Müttern in demselben Café.

Die bekanntesten Kinderbücher von ihm heißen: „Nobi", „Trini" und „Camilo".

Gustav Nieritz

Ein heute fast vergessener Kinder- und Jugendbuchautor war Gustav Nieritz (1795–1876). Erich Kästner schrieb in seinen Kindheitserinnerungen: „... und an dem Gartentor war ein Schild angebracht. – Hier lebte und starb Gustav Nieritz –. Er war Lehrer und Schulinspektor gewesen, hatte viele, viele Kinderbücher geschrieben, und ich hatte sie alle gelesen."

Hans Christian Andersen

Auch der berühmte Märchendichter Hans Christian Andersen (1805–1875), Autor von „Das hässliche Entlein", „Des Kaisers neue Kleider" oder „Prinzessin auf der Erbse", war häufig in Dresden.

Martin Andersen Nexø

Und Martin Andersen Nexø (1869–1954), der mit seinen Büchern „Pelle der Eroberer" und „Ditte Menschenkind" weltbekannt wurde, verlebte die letzten Jahre seines Lebens in der Elbmetropole, wo er auch als Ehrenbürger der Stadt starb. Heute ist in Dresden ein Gymnasium nach ihm benannt.

Die beiden letztgenannten Schriftsteller kamen aus demselben Land. Nenne es!

....

Karl May

Wer kennt nicht Winnetou, Old Shatterhand oder Kara Ben Nemsi?
Karl May, der 1912 in Radebeul bei Dresden starb, schrieb seine Geschichten über den Wilden Westen, ohne je in Amerika gewesen zu sein. Erst sehr viel später reiste er an die Schauplätze seiner Romane.

WO´S KINDERN SCHMECKT

Die wichtigsten Grundnahrungsmittel heißen Eis, Schokolade und Spaghetti. Leider wissen die Großen das nicht so genau wie du! Hier nun einige wichtige Adressen für dich:

Eis und Nudeln ...

Eisdielen gibt es viele, aber einige sind ganz besonders beliebt. Da wäre in Tolkewitz der „Eisgarten Huß". Neben dem tollen Eisangebot genießt man gleichzeitig den Blick auf die Elbe. Im Zentrum, an der Haltestelle Prager Straße, kannst du das berühmte Haselbauer-Eis kosten!

Für Spaghetti-Fans ist der „Nudelturm" am Albertplatz ein Muss. Bunte, dicke, dünne, süße oder scharfe Nudeln – alles im Angebot!

Der „Luisenhof" bietet sonn- und feiertags ein extra Kinderbrunchbuffet. Die Tische sind auf Kinderhöhe, so dass du dich kein bisschen strecken musst, um an den Wackelpudding mit Vanillesauce zu kommen!

Es klappert die Mühle

Im Zschonergrund steht eine alte Wassermühle, die „Zschoner Mühle", in der man nicht nur gut essen, sondern auch ein Puppentheater besuchen kann. Auch Mühlenführungen werden regelmäßig angeboten. Hier kannst du dir anschauen, wie noch bis vor 100 Jahren Korn zu Mehl gemahlen wurde und wie der Alltag eines Müllers aussah.

Wenn du lieber Wind- statt Wassermühlen magst, solltest du die „Leutewitzer Windmühle" besuchen. Diese Ausflugsgaststätte hat nicht nur einen Spielplatz mit Tiergehege; es gibt dort auch Beachvolleyballfelder und im Sommer einen Strand mit Liegestühlen.

Viel los rund um den Teller

Nicht allzu weit entfernt, in Omsewitz, liegt die „Kümmelschänke". Dort kannst du auf dem Spielplatz toben, Tiere füttern, töpfern, Papier herstellen, backen oder einfach lecker essen. Einmal im Monat findet am Sonntagmorgen ein so genanntes Knirpsenfrühstück statt – mit viel Spaß und Spiel!

?

Im Restaurant gibt es noch was ganz Besonderes zu entdecken: eine Bienenbeute! Weißt du, was das ist?

Wie in alten Zeiten

Riesig ist der „Sophienkeller" im Taschenbergpalais, wo du auf das „Gefolge Augusts des Starken" triffst. Eine Besonderheit ist hier das Karussell, an dem man essen kann.

Und wer beim Essen keine Angst vor Tieren hat, muss unbedingt nach Klotzsche ins „Anno Domini". Dort isst man wie die alten Ritter! Aber keinen Schreck bekommen, wenn dich ein Esel anstupst oder ein Huhn neben dir auf dem Tisch sitzt!

SPORT UND SPIEL

Womöglich hast du schon den für dich tollsten Spielplatz gefunden: den Bach ganz in der Nähe oder eine Spielplatzanlage im Wohngebiet. Und vielleicht bist du ja auch Stammgast in einem der vielen Kinder- und Jugendhäuser?

Aber warst du schon mal auf dem Abenteuerspielplatz Panama?
Panama liegt mitten in der Äußeren Neustadt. Pferde, Schafe, Hühner und vieles andere gibt es hier – nicht gerade typisch für die Großstadt! Töpfern, Wolle spinnen, Klettern, Tiere füttern, Reiten, Schafe bürsten – alles im Angebot!

Bewegung ist gesund

Wenn du dich sportlich betätigen willst, hast du in Dresden alle Möglichkeiten. Durch die Nähe zur Sächsischen Schweiz und die Lage an der Elbe zählen Klettern, Angeln, Rudern und Kanufahren zu den beliebtesten Sportarten.

Darfst du auch mal länger aufbleiben und kannst skaten, dann wäre – in Begleitung – das Nachtskaten durch die Stadt ein besonderes Erlebnis. Infos über www.nachtskaten-dresden.de

Aber auch Vereine, deren Mannschaften in den obersten deutschen Ligen spielen, sind sehr beliebt. Bei den Dresdner Monarchs – American Football – oder den Volleyballerinnen des DSC 1898 ist Nachwuchs immer gefragt.

Im Fußball und im Eishockey sind Dynamo Dresden und die Dresdner Eislöwen die erfolgreichsten Klubs.

Und noch ein Tipp:
Sportvereine, Jugendklubs und andere Freizeiteinrichtungen findest du über die Internetseite www.jugendserver-dresden.de. Und wirf doch mal einen Blick auf den Hosentaschen-Freizeitplaner ganz hinten im Buch!

Waldspielplatz

Am Rand der Dresdner Heide, gegenüber vom Park des Schlosses Albrechtsberg, findest du einen betreuten Waldspielplatz, den Albertpark.

Das Besondere an diesem ist, dass man hier sogar übernachten kann. In den Hütten gibt es alles, was man braucht.

Kidsplanet

Im Osten der Stadt, in Niedersedlitz, liegt „Kidsplanet". Eine riesige Halle und ein Außenspielplatz bieten zahlreiche Spielmöglichkeiten. Du kannst hier auch deinen Geburtstag feiern!

Badevergnügen

Mitten im Zentrum, am Großen Garten, findest du mit dem Georg-Arnhold-Bad ein Hallenbad mit 86 Meter langer Röhrenrutsche und großer Außenanlage. In Cossebaude, im Westen der Stadt, ist das Stauseebad die Attraktion!

AUSFLÜGE IN DIE UMGEBUNG

Leuchtturm?!

Ein Leuchtturm mit Mole mitten in Sachsen? Ja, zu finden am Großteich in Moritzburg, ganz in der Nähe von Dresden. Der Teich und die Hafenanlage bildeten im 18. Jahrhundert den Rahmen für gespielte Seeschlachten. Noch bekannter ist aber das Schloss Moritzburg, welches August der Starke für große Feste und als Jagdschloss nutzte.

Zu den bekanntesten Festungen in Deutschland zählt die auf dem Königstein. Nie konnte sie eingenommen werden. Hier findest du unter anderem einen über 150 Meter tiefen Brunnen und die Friedrichsburg mit dem „Tischlein deck dich".

Basteibrücke und Felsenbühne

Ebenfalls in der Sächsischen Schweiz steht die Basteibrücke. Sie ist nur für Fußgänger gedacht und verbindet seit 1851 die Felsen oberhalb des Kurortes Rathen. Der Blick von hier ist einzigartig! Unterhalb der Bastei befindet sich die Felsenbühne Rathen. Hier kannst du im Sommer unter anderem die Heldentaten Winnetous erleben.

Wellenvergnügen

In Radebeul gibt es nicht nur das besuchenswerte Karl-May-Museum in der „Villa Shatterhand", sondern auch ein ganz besonderes Bad – das Bilzbad. Hier steht die älteste Wellenmaschine der Welt aus dem Jahre 1912! In den künstlich erzeugten Wellen macht das Baden ganz besonders viel Spaß.

Wintersport

Für Aktivitäten ganz anderer Art steht der Kur- und Wintersportort Altenberg. Eine besondere Attraktion ist die Rennschlitten- und Bobbahn, auf welcher häufig internationale Wettkämpfe stattfinden.

In Altenberg kannst du sogar im Sommer Schlitten fahren, nämlich auf der Sommerrodelbahn!

Am östlichsten Punkt Deutschlands, direkt an der polnischen Grenze hinter Zentendorf, erwartet dich in den Monaten März bis Oktober die Kulturinsel Einsiedel – ein außergewöhnlicher Freizeitpark mit Inselgeistern, Tunneln, Baumhäusern, versteckten Schätzen und vielem mehr!

Infos unter www.kulturinsel.de

Burg Stolpen

Über dem kleinen Städtchen Stolpen erhebt sich eine imposante Burg. Hier war die Gräfin Cosel 49 Jahre in Haft. Im Johannisturm findest du ihre Wohnräume nebst „Plumpsklo". Schau dir auf jeden Fall auch die Folterkammer an!

Saurier & Co.

Unbedingt solltest du auch einmal einen Ausflug nach Kleinwelka bei Bautzen einplanen. Bekannt ist der kleine Ort durch seinen Saurierpark, in dem du lebensgroße Saurierplastiken bestaunen kannst. Auch einen großen Irrgarten gibt es dort. Mit etwas Glück findest du schneller raus als die Großen.

DRESDEN IN RÄTSELN UND SPIELEN

Kennt ihr euch jetzt aus?

1. Rhododendron
- S Blume
- D Heidekrautgewächs
- K Baum

2. Weißes Gold
- R Porzellan
- P Diamant
- O Titan

3. Yenidze
- Z Araberfürst
- G Festungsmauer
- E Tabakfabrik

4. Synagoge
- S Jüdisches Gotteshaus
- L Festplatz
- H Opernhaus

5. Brückenmännchen
- D Sandsteinfigur
- U Regelt Verkehr auf der Brücke
- W Kinderbuchheld

6. Fürstenzug
- P Adelige Eigenschaft
- E Porzellanbild
- F Spezialzug der Bahn

7. Lottchen
- N Kinderstraßenbahn
- K Buch von Erich Kästner
- H Name einer Rose

Trage die Buchstaben unten ein und du hast das Lösungswort!

Den Zahlen nach!

Eine besondere Attraktion im Zoo ist das Afrikahaus. Hier findest du auch das rechts abgebildete Tier. Welches könnte das sein? Verbinde die Zahlen, dann wirst du es sehen.

Rezept für Dresdner Expresseierschecke

Dafür brauchst du:

für den Mürbeteig:
150 g Mehl, 75 g Zucker, 75 g Butter in kleinen Stückchen, 1 Ei, etwas geriebene unbehandelte Zitronenschale

für den 1. Belag:
500 g Quark, ½ l Milch, ¾ Tasse Keimöl, 1 Packung Vanillepuddingpulver, 1 Päckchen Vanillezucker, 150 g Zucker, 2 Eigelbe

für den 2. Belag
4 Eiweiße, 4 Esslöffel Zucker

Zutaten für den Teig miteinander vermengen und gründlich mit der Hand verkneten. Anschließend in eine runde, gefettete Springform geben und leicht bis oben an den Rand drücken. Natürlich kannst du einfach auch eine fertige Mürbeteig-Backmischung verwenden.

Quark, Milch, Öl, Puddingpulver, Vanillezucker, Zucker und Eigelbe gut verrühren und in die Form mit dem Teig gießen. Jetzt in den vorgeheizten Backofen (180 – 200 Grad). **Backzeit:** 35 – 45 Minuten.

Eiweiße mit dem Zucker steif schlagen und auf den gebackenen Kuchen streichen. Wieder in den Ofen schieben und weitere 10 – 15 Minuten hellbraun backen. **Fertig!**

Die große Odol-Frage!

Was meinst du, wofür steht der Name **Odol**?

a) Odol ist eine Kreuzung aus den Vornamen von Ottmar Heinsius von Mayenburg, Erfinder der Zahnpastatube, und von Adolf Heinrich August Bergmann, dem Erfinder der Zahnseife.

b) Odol ist eine Kreuzung aus dem griechischen Wort odous = Zahn und dem lateinischen Wort oleum = Öl.

c) Ein Vorläufer von Odol ist Odontine, ein aus Äther mit Nelken- und Pfefferminzöl bereitetes, betäubendes Mittel gegen Zahnschmerzen. Aus dem alten Produktnamen Odontine entstand Odol.

Original und „Fälschung"

Suche die zehn Unterschiede auf dem unteren Bild!

Wahr oder falsch?

1. Die Frauenkirche steht am Theaterplatz.
2. Der Fürstenzug ist 100 m lang.
3. Erich Kästner war Bildhauer.
4. Daniel Pöppelmann hat den Zwinger gebaut.
5. Die Krone vom Kronentor trägt drei polnische Adler.
6. Die Elbe fließt etwa 30 km durch Dresden.

Buchstabendurcheinander

Die Buchstaben der einzelnen Wörter wurden jeweils durcheinander gewürfelt. Bringe sie in die richtige Reihenfolge, und du erhältst zwei Textzeilen aus dem Lied „Das Wandern ist des Müllers Lust".

SAD SUSM IEN TERCHLESCH ÜMERLL NEIS,
MDE SALMIEN LEFI ASD DERWNNA INE,...

Kreuz und quer

Versuche die unten genannten Namen von Dresdner Persönlichkeiten so in den Kästchen unterzubringen, dass keiner übrigbleibt.

Bähr, Weber, Semper, Wagner, Ardenne, Palucca, Richter, Kästner, Schiller, Schubert

Wortzauber

Finde jeweils das Wort heraus, welches du dem ersten hintendran und dem zweiten voran setzen kannst, so dass ein sinnvoller Begriff entsteht.

Weiß ...			... kette
Porzellan ...			... wäscher
Milch ...			... tasse
Wind ...	beutel	Beutel	... tier
Bananen ...			... schokolade
Zahn ...			... mann
Physik ...			... zimmer
Bier ...			... decke

ADRESSEN

Sehenswürdigkeiten

Blaues Wunder	verbindet Schiller- und Körnerplatz www.dresden-blaues-wunder.de
Christuskirche	Elsa-Brändström-Straße 1, Tel.: 0351 / 471 03 30 www.christuskirche-dresden.de
Dreikönigskirche	Hauptstraße 23, Tel.: 0351 / 812 43 70
Frauenkirche	An der Frauenkirche 12, Tel.: 0351 / 656 06 56 www.frauenkirche-dresden.org
Fürstenzug	Augustusstraße
Garnisonkirche	Stauffenbergallee 9, Tel.: (Förderverein): 0351 / 803 71 86
Gläserne Manufaktur	Lennéstraße 1, Tel.: 0351 / 4 20 40 www.glaesernemanufaktur.de
Hofkirche	Schlossplatz 1, Tel.: 0351 / 495 51 35
Kreuzkirche	An der Kreuzkirche 6, Tel.: 0351 / 484 47 12 www.dresdner-kreuzkirche.de
Leonhardi-Museum	Grundstraße 26, Tel.: 0351 / 268 35 13 www.leonhardi-museum.de
Lingnerschloss Dresden	Bautzner Straße 132, Tel.: 0351 / 646 53 82 www.lingnerschloss.de
Loschwitzer Kirche	Pillnitzer Landstraße 9, Tel.: 0351 / 268 81 45 www.loschwitzer-kirche.de
Neue Synagoge	Am Hasenberg 1, Tel.: 0351 / 65 60 70
Pfunds Molkerei	Bautzner Straße 79, Tel.: 0351 / 80 80 80 www.pfunds.de
Putjatinhaus	Meußlitzer Straße 83, Tel.: 0351 / 201 19 06 www.putjatinhaus.de
Residenzschloss	Taschenberg 2, Tel.: 0351 / 49 14 20 00 www.skd-dresden.de
Russisch-orthodoxe Kirche	Fritz-Löffler-Straße 19, Tel.: 0351 / 471 94 14 www.r-o-k.de
Schinkelwache	Theaterplatz 2, Besucherdienst der Sächsischen Staatsoper Dresden und andere Theaterkassen, Tel.: 0351 / 491 17 05
Schloss Albrechtsberg	Bautzner Straße 130, Kartenbestellung Tel.: 0351 / 486 66 66 www.schloss-albrechtsberg.de
Schloss Eckberg	Bautzner Straße 134, Tel.: 0351 / 809 90 www.schloss-eckberg.de
Schloss Pillnitz	(Östlicher Stadtrand), Tel. (Führungen): 0351 / 261 30 www.schloesser-dresden.de/pillnitz/
Semperoper	Theaterplatz, Informationen (Führungen) Tel.: 0351 / 491 14 96 www.semperoper-fuehrungen.de
St. Pauli Ruine	Königsbrücker Platz, Tel.: 0351 / 272 14 44 www.theaterruine.de
Trinitatiskirche	Trinitatisplatz (Johannstadt) Tel. Jugendzentrum Trinitatiskirche: 0351 / 441 88 23

Zionskirche — Bayreuther Straße 28, Tel.: 0351 / 471 70 60
www.zionskirche-dresden.de

Zwinger — Theaterplatz, Tel.: 0351 / 491 46 01
www.schloesser-dresden.de/zwinger/

Zoo — Tiergartenstraße 1, Tel.: 0351 / 47 80 60
www.zoo-dresden.de

Museen

Deutsches Hygiene-Museum — Lingnerplatz 1, Tel.: 0351 / 484 66 70
www.dhmd.de

Galerie Neue Meister — Albertinum, Brühlsche Terrasse (zur Zeit wegen Umbau geschlossen),
Tel.: 0351 / 491 47 31
www.skd-dresden.de

Gemäldegalerie Alte Meister — Semperbau am Zwinger, Theaterplatz 1, Tel.: 0351 / 491 46 79
www.skd-dresden.de

Grünes Gewölbe — Dresdner Residenzschloss (Eingang Sophienstraße), Taschenberg 2,
Tel.: 0351 / 491 45 91
www.skd-dresden.de

Heimat- u. Palitzschmuseum Prohlis — Gamigstraße 24, Tel.: 0351 / 284 30 30

Kleinbauernmuseum Reitzendorf — Schullwitzer Straße 3, Dresden / OT Reitzendorf
Tel.: 0351 / 264 17 83
www.kleinbauernmuseum.de

Mathematisch-Physikalischer Salon — Zwinger, Tel.: 0351 / 491 46 61
www.skd-dresden.de

Museum für Sächsische Volkskunst — Jägerhof, Köpckestraße 1, Tel.: 0351 / 803 08 17
www.skd-dresden.de

Porzellansammlung — Zwinger, Eingang Glockenspielpavillon, Tel.: 0351 / 491 46 12
www.skd-dresden.de

Rüstkammer — Semperbau am Zwinger, Theaterplatz 1, Tel.: 0351 / 491 46 11
www.skd-dresden.de

Stadtmuseum Dresden — Wilsdruffer Straße 2, Tel.: 0351 / 65 64 86 11
www.stmd.de

Technische Sammlungen — Junghansstraße 1–3, Tel.: 0351 / 488 72 01
www.tsd.de

Verkehrsmuseum — Augustusstraße 1, Tel.: 0351 / 864 40
www.verkehrsmuseum.sachsen.de

Theater

mai hof puppentheater — Hauptstraße 46 (OT Weißig), Tel.: 0351 / 269 00 72
www.puppentheater-dresden.de

Schauspielhaus — Theaterstraße 2, Tel.: 0351 / 491 35 67
www.staatsschauspiel-dresden.de

Semperoper — (siehe Sehenswürdigkeiten), Ticket-Hotline: 0351 / 491 17 05

Staatsoperette Dresden — Pirnaer Landstraße 131, Tel.: 0351 / 207 99 29
www.staatsoperette-dresden.de

1001 Märchen GmbH – Yenidze — Weißeritzstraße 3, Tel.: 0351 / 495 10 01
www.1001maerchen.de

Theater Junge Generation — Meißner Landstraße 4, Tel.: 0351 / 42 91 20
www.tjg-dresden.de

Wo´s Kindern schmeckt

Anno Domini	Klotzscher Hauptstraße 27, Tel.: 0351 / 880 45 70 www.annodomini.de
Café-Restaurant Luisenhof	Bergbahnstraße 8, Tel.: 0351 / 214 99 60 www.luisenhof.org
Eisgarten Huß	Alttolkewitz 31, Tel.: 0351 / 251 73 27
Haselbauer-Eis	Dr.-Külz-Ring 14, Tel.: 0172 / 363 60 85 www.haselbauer-eis.de
Nudelturm	Bautzner Straße 1, Tel.: 0351 / 804 30 94 www.wok.de/nudelturm/index_nt.htm
Kümmelschänke	Kümmelschänkenweg 2, Tel.: 0351 / 421 61 44 www.kuemmelschaenke.de
Leutewitzer Windmühle	Steinbacher Straße 56, Tel.: 0351/ 464 47 13 www.leutewitzer-windmuehle.com
Sophienkeller im Taschenbergpalais	Taschenberg 3, Tel.: 0351 / 49 72 60 www.sophienkeller-dresden.de
Zschoner Mühle	Zschonergrund 2, Tel.: 0351 / 421 02 52 www.zschoner-muehle.de

Sport und Spiel

Abenteuerspielplatz Panama	Seifhennersdorfer Straße 2, Tel.: 0351 / 803 87 48 www.asp-panama.de
Eselnest	Eisenberger Straße 2a, Tel.: 0351 / 811 23 45 www.eselnest.de
Georg-Arnhold-Bad	Hauptallee 2, Tel.: 0351 / 494 22 03 www.dresden.de/sport
Kidsplanet	Siemensstraße 9, Tel.: 0351 / 207 26 99 www.kidsplanet.tv
Kinder- und Jugendfarm Weißig	Hauptstraße 21 / Am Hutberg, Tel.: 0351 / 269 11 14 www.jugendfarm-spielwiese.de
Nachtskaten	Tel.: 0351 / 484 87 94 www.nachtskaten-dresden.de
Pillnitzer Reiterhof „Alte Schäferei" e. V.	Wünschendorfer Straße 1, Tel.: 0351 / 261 89 19 www.pillnitzer-reiterhof.de
Reitverein Altes Gut Dobritz	Tel.: 0351 / 250 67 00
Reitsportclub Bühlau e. V.	Quohrener Straße 24, Tel.: 0351 / 268 39 51
Rennbahn	Oskar-Röder-Straße 1, Tel.: 0351 / 21 10 40 www.dresdener-rennverein.de
Stauseebad Cossebaude	Meißner Straße 26, Tel.: 0351 / 453 75 55 www.cossebaude.de/stauseebad
Waldspielplatz Albertpark	Fischhausstraße 12c, Tel.: 0351 / 804 47 93 www.waldspielplatz-albertpark.de

Auswärts

Burg Stolpen – Schlossstraße 10, 01833 Stolpen, Tel.: 03 59 73 / 234 10
www.burg-stolpen.de

Felsenbühne Rathen – Amselgrund 17, 01824 Kurort Rathen, Tel.: 03 50 24 / 77 70
www.felsenbuehne-rathen.de

Karl-May-Museum – Karl-May-Str. 5, 01445 Radebeul, Tel.: 0351 / 837 30 10
www.karl-may-stiftung.de

Kulturinsel Einsiedel – 02829 Neißeaue / OT Zentendorf, Tel.: 03 58 91 / 49 10
www.kulturinsel.de

Saurierpark Kleinwelka – 02625 Bautzen / OT Kleinwelka, Tel.: 03 59 35 / 30 36
www saurierpark.de

Sommerrodelbahn Altenberg – Am Skihang, 01773 Altenberg, Tel.: 03 50 56 / 353 85
www.altenberg.de/sommerrodelbahn.htm

Wildgehege Moritzburg – Fasanerie 4, 01468 Moritzburg, Tel.: 03 52 07 / 814 88
www.bizmo.de

Weitere Adressen

igeltour – Pulsnitzer Str. 10, Tel.: 0351 / 804 45 57
www.igeltour-dresden.de

Jugend&KunstSchule Dresden – Geschäftsstelle Schloss Albrechtsberg, Bautzner Str. 130,
Tel.: 0351 / 79 68 85 10
www.dresden.de/kultur/jks

Kinderstraßenbahn Lottchen – Riesaer Straße 7, Tel.: 0351 / 488 46 58

Tanzhaus Friedrichstadt – Kreischaer Straße 3, Tel.: 0351 / 496 91 10
www.tanzhaus-dresden.de

Sächsische Dampfschiffahrt – Elektronische Fahrplanansage Tel.: 0351 / 866 09 40
www.saechsische-dampfschiffahrt.de

Bildnachweis

Illustrationen:

Peter Ernst (Titelbild, Leitfiguren auf allen Seiten, Illustrationen S. 8, 10-15, 20, 22, 26, 27, 31, 34, 36, 40-49, 52, 56-65); **Florian Göpfert** (Illustrationen S. 16-18, 23-25, 28, 29, 32, 33, 36, 37, 44, 45, 50, 51, 64, 65); **Conrad Kloß** (Illustrationen S. 10-13 30, 31, 42, 43, 48-51, 54, 55, 58, 62, 63); **Anja Michel** (Piktogramme, Illustrationen S. 8, 16, 17, 20, 21, 42, 43, 46-50, 52); **Sandra Manthey** (Illustrationen S. 20, 21, 46-50, 52, 53); **Antje Springer** (Illustrationen S. 13, 23; Spiele 13, 17, 20, 46, 66, 69, 77) **Katja Roßberg** (Spiele S. 13, 20, 28, 36, 52, 66-69 77); **Madlen Kosel** (Illustrationen S. 34, 36)

Fotos:

S. 17 Wasserflugplatz Dresden-Johannstadt, Startvorbereitungen am Verkehrsflugzeug Junkers F 13 W vor Eröffnung der Elbe-Flugstrecke Dresden-Magdeburg-Hamburg am 10. August 1925 (Aufnahme: Walter Hahn), SLUB Dresden/Abt. Dt. Fotothek; S. 18 Saxonia, erster in Deutschland (in Übigau) erbauter Dampfwagen, Archiv Verkehrsmuseum Dresden; S. 20 Königliche Wache, um 1900, Archiv Matthias Stresow; S. 22 Fürstenzug, Katja Roßberg; S. 38 Zirkus Sarrasani, um 1920, Elefanten des Zirkus Sarrasani in der Elbe, um 1920, Archiv Eberhard Engel, Kugelhaus, um 1930, Archiv Matthias Stresow; S. 39 Sophienkirche, um 1900, Altmarkt, um 1900, Archiv Matthias Stresow, Schloss Altfranken, um 1890, Archiv Werner Fritzsche; S. 44 Wolfshügelturm, um 1920, Archiv Matthias Stresow; S. 47 Dresden-Seidnitz, Archiv Dresdener Rennbahnverein

Sonstige Abbildungen:

S. 68/74 Franz Wilhelm Leuteritz: Bild von der Brühlschen Terrasse nach Neustadt, 1865, Museen der Stadt Dresden, Städtische Galerie Dresden (Fotograf: Franz Zadnicek); Karte auf den Umschlaginnenseiten mit freundlicher Unterstützung des Städtischen Vermessungsamtes Dresden

DES RÄTSELS LÖSUNG

S. 13 1. Slawen, 2. civitas, 3. Burg, 4. Frauenkirche. Das Lösungswort heißt LABE und bedeutet Elbe auf Tschechisch.

S. 15 1. Carl Maria v. Weber, 2. Richard Wagner, 3. Gret Palucca, 4. Ludwig Richter, 5. August der Starke, 6. Gottfried Semper, 7. Gottfried Silbermann, 8. Friedrich von Schiller, 9. Manfred von Ardenne, 10. Erich Kästner, 11. Caspar David Friedrich, 12. Johann Andreas Schubert. Der nicht da saß und also nicht mitaß, war George Bähr (von dem eigentlich keiner weiß, wie er aussah).

S. 17 Bus/Flughafen, Straßenbahn/Zoo, Standseilbahn/ Blaues Wunder, Raddampfer/Sächsische Schweiz

S. 18 Die erste Lokomotive kam aus England.

S. 19 „Das doppelte Lottchen"

S. 20 Die ionischen Säulen haben den Querschnitt b).

S. 21 Das A über dem Balkon der Oper steht für König Albert.

S. 22 Friedrich der Weise

S. 23 Der Herkules steht gleich auf zwei Dächern, einmal oben auf dem Wall- (Original) und einmal auf dem Glockenspielpavillon (spätere Kopie).

S. 26 Auf der Fliese ist ein Milchwagen zu sehen, der von einem Hund gezogen wird. Tatsächlich wurden früher Hunde vor Milchwagen gespannt; erst später kamen andere Zugtiere (Kühe und Pferde) zum Einsatz.

S. 28

F	K	A	L	M	T	E	R	A	H	D	O	R	K	M	J	S
O	A	L	T	T	O	L	K	E	W	I	T	Z	H	L	S	C
M	D	Z	X	U	E	C	A	N	P	E	N	N	R	I	C	H
N	I	S	B	E	P	M	K	T	B	A	N	C	S	K	J	Ö
S	T	Q	A	L	I	Z	A	L	T	M	I	C	K	T	E	N
T	Z	E	R	Z	T	I	N	D	I	E	S	T	L	A	T	F
J	S	O	H	N	E	L	H	E	R	T	S	T	L	A	M	E
A	L	T	L	O	S	C	H	W	I	T	Z	E	S	X	O	L
Q	E	A	U	N	Z	T	I	R	B	O	D	T	L	A	M	D

S. 29 Die Lebensrettungsaktion fand in der Nacht statt.

S. 31 Das höchste Bauwerk ist 252 m hoch. Der Brunnen ist also etwa 250 m tief.

S. 33 Die Puppentheatersammlung ist im Museum für Sächsische Volkskunst zu finden.

S. 35 100 : 5 = 20; 20 + 10 = 30. Der Fichteturm ist also 30 Meter hoch.

S. 39 Das Lösungswort lautet ZIRKUS.

S. 40 **Oben:** Der Dichter heißt Friedrich von Schiller.

Unten: An dem Pfeiler zwischen Straße und Elbe auf der Altstädter Seite.

S. 45 b) ca. 10000 Pflanzen

S. 46 Der Pinguin

S. 49 Im luftleeren Raum kann es keine Schallwellen geben und auch keinen Sauerstoff für die Flamme.

S. 53 Rundkino

S. 57 Eierschecke

S. 58 „Emil und die Detektive", „Das doppelte Lottchen", „Pünktchen und Anton"

S. 59 Die beiden Schriftsteller kamen aus Dänemark.

S. 61 Bienenbeute = Bienenstock

S. 66 **Oben:** DRESDEN

Unten: Elefant

S. 67 b)

S. 68

S. 69 **Oben:** 1. falsch, sie steht am Neumarkt; 2. wahr; 3. falsch, er war Schriftsteller; 4. wahr; 5. falsch, es sind vier; 6. wahr

Mitte: „Das muss ein schlechter Müller sein, dem niemals fiel das Wandern ein."

Unten links:

							B			W						
							A	R	D	E	N	N	E			
							E			B						
							H			E						
		S	E	M	P	E	R			R	I	C	H	T	E	R
		C			A											
S	C	H	I	L	L	E	R									
		U			U				W							
		B			C				A							
		E			C				G							
		R		K	A	E	S	T	N	E	R					
		T							E							
									R							

Unten rechts:
Gold, Teller, Kaffee, Beutel, Joghurt, Medizin, Lehrer, Flaschen

HOSENTASCHEN-FREIZEITPLANER

Schneide die Kärtchen entlang der gestrichelten Linie aus. Lege sie in eine Streichholzschachtel. Ziehe bei Langeweile eine Karte, und los geht´s! Oder du machst das Puzzle auf der Rückseite.

Ein Glas frische Milch trinken
kannst du für einen Euro
in Pfunds Molkerei
und dir dazu den schönsten
Milchladen der Welt anschauen.

Kinder führen Kinder.
Unter diesem Motto begeben sich
Kinder unter der Anleitung von
Museumspädagoginnen auf die
Suche nach den Geheimnissen alter
Bilder und führen Altersgenossen
durch die Gemäldegalerie.
Infos unter 0351 / 491 46 05.

Pack die Badehose ein:
Zur Kiesgrube Birkwitz-Pratzschwitz
zwischen Pillnitz und Pirna
geht es mit dem Fahrrad,
das Freibad Dölzschen
findet man in der Luftbadstraße 31;
weitere Badetipps gibt es unter
www.adfc-dresden.de
unter dem Link Radtour / Baden.

Ohne Eltern!
An jeweils einem Sonntag
im Monat kannst du dich getrennt
von deinen Eltern durch Museen
der Staatlichen Kunstsammlungen
führen lassen.
Infos bei www.skd-dresden.de/info/
museumspädagogik/kinder.html

Animationsfilme drehen,
im Kinderballett tanzen, im Figurentheater oder in der Töpferwerkstatt deiner Phantasie freien
Lauf lassen kannst du in der
Jugend&KunstSchule Dresden.
Die Kursangebote erfährst du
unter Tel. 0351 / 89 96 07 40.

Wolltest du schon immer mal
auf einem Esel reiten?
Dann bist du im
Pieschener Eselnest richtig.
Mit der Linie 4 fährst du
zur Haltestelle Alexander-Puschkin-Platz und gehst dann den kleinen
Weg in Richtung Elbe.

Besorg dir einen Fotoapparat
und fotografiere dich,
deine Freunde und die Stadt.
Schöne Motive
findest du fast überall:
im Zwinger, im Park von Schloss
Albrechtsberg, im Treppenhaus
des Stadtmuseums …

K wie Kintopp!
Kino kann so aufregend sein.
Die besten Kinderprogramme
laufen in der „Schauburg"
auf der Königsbrücker Straße.
Jedes Jahr im Frühling
findet dort sogar ein
Kinderfilm-Festival statt.

Pillnitz ist immer eine Reise wert.
Mit dem Bus Linie 83 oder
mit dem Raddampfer sind Schloss
und Park bequem zu erreichen.
Die Sensation:
Fast handzahme Eichhörnchen
lassen sich mit Nüssen füttern.
Nimm eine Tüte voll mit.

Picknick im Großen Garten
Korb packen, Decke schnappen,
und los geht's in den größten
Park Dresdens.
Achtung: Die Beine unbedingt
mit Anti-Zecken-Spray
einsprühen!

Eisiges Vergnügen
Im Winter kann man in der
Eissporthalle im Ostra-Gehege
und im Innenhof des
Taschenbergpalais
(Hotel Kempinski)
Schlittschuh laufen.

Die besten Rodelhänge
findest du in Weißig am Hutberg,
in Wachwitz im Höhenpark und
am Elbufer vor dem
Waldschlösschen, oder du suchst
dir einfach deinen „Privathügel"
irgendwo in der Dresdner Heide.

Wer gerne steile Wände bezwingt,
für den ist die Kletterhalle XXL auf
der Breitscheidstraße 40 ein
ideales Ziel. Ein Klettertag unter
professioneller Anleitung vergeht
wie im Flug! Kindergeburtstage
kann man dort auch feiern.
Informationen unter
www.xxl-klettern.de

Mit dem **„Lößnitzdackel"**
geht es unter Dampf von Radebeul
über ein Schmalspurgleis nach
Moritzburg. Mit der Linie 4 aus
Dresden kommend steigst du
an der Haltestelle „Weißes Ross"
in die alte Eisenbahn um.

Hast du eine Monatskarte?
Nach einem Spaziergang über
das Blaue Wunder kannst du (für
Monatskartenbesitzer kostenlos)
die Standseilbahn oder die
Schwebebahn nehmen. Von oben
sieht man besonders gut, wie die
Elbe sich durch Dresden schlängelt.

In der **Kinder- und Jugendfarm**
in Weißig kann man Pferde striegeln,
Ställe ausmisten, Schafe füttern wie
auf einem richtigen Bauernhof. Gehe
von der Haltestelle Hutbergschule
Richtung Kirchturm. Gleich um
die Ecke ist übrigens das mai hof
puppentheater, das auch eine kleine
Puppenausstellung beherbergt.

Dresdner Molkerei
Gebrüder Pfund.

WO FINDE ICH WAS ...?